U0069562

此生何所為

汪培珽亂世抉擇‧每日一句

讚譽

言中外之情勢，原原本本，
使中國人恍然大悟。

孫中山 〈論懼革命召瓜分者乃不識時務者也〉

那種獨有的筆鋒使無數青年
熱血沸騰，歸附革命。

黃興 〈與革命黨領袖黃興談話〉

余前此未嘗聞精衛演說，
在星始知其有演說天才，出詞氣、
動容貌、聽者任其擒縱。
余二十年來未見有工演說過於精衛者。

胡漢民 《胡漢民自傳》

掃葉吞花足勝情，
鉅公難得此才清。

錢鍾書 〈題某氏集〉

汪的古典詩詞在他那一代人中無疑
已達到了第一流的水平。

余英時 《雙照樓詩詞藁》重版序

此生何所為

汪精衛亂世抉擇・每日一句

此生何所為

汪精衛亂世抉擇‧每日一句

What Have I Done in My Life?

作　　　者 ─ 汪精衛

編　　　輯 ─ 朱安培

設 計 製 作 ─ 八荒製作 EIGHT CORNERS PRODUCTIONS, LLC

製 版 印 製 ─ 長榮國際文化事業部

台 灣 出 版 ─ 華漢電腦排版有限公司

地　　　址 ─ 新北市板橋區明德街一巷12號二樓

電　　　話 ─ 02-29656730

傳　　　真 ─ 02-29656776

電 子 信 箱 ─ huahan.huahan@msa.hinet.net

二版一刷：2024年2月

ISBN：978-626-97742-6-5

定價：NT$500

本著作台灣地區繁體中文版，由八荒圖書授權華漢電腦排版有限公司
獨家出版。

代理經銷：白象文化事業有限公司

地址：401 台中市東區和平街228巷44號

電話：978-626-97742-6-5

國家圖書館出版品預行編目(CIP)資料

此生何所為：汪精衛亂世抉擇.每日一句
= What Have I Done in My Life? /汪精衛. --
二版. -- 新北市：華漢電腦排版有限公司,
2024.02
　面；　公分
ISBN 978-626-97742-6-5(平裝)

1.CST: 汪精衛　2.CST: 格言

192.8　　　　　　　112022937

獻給所有亂世中甘願為薪為釜的人

目錄

前言｜朱安培

形骸有死生，性情有哀樂。
此生何所為，此情何所託。

1910年汪精衛行刺滿清攝政王事敗入獄，於獄中作〈述懷〉詩，首兩句思索人生意義、應做之事，繼而以詩筆展述其一生懷抱，為往後無數抉擇埋下伏筆，本書書題即取箇中之意而成。

《此生何所為—汪精衛亂世抉擇》共收錄三百六十五句民國著名人物汪精衛的名言，摘錄自2019年出版的《汪精衛與現代中國》系列六冊叢書，以及2023年出版的《汪精衛政治論述》匯校本、《汪精衛南社詩話》增訂本、《汪精衛詩詞彙編》，資料涵蓋汪氏政論文章、書信、電報、演講，乃至文學作品。本書冀以語錄易於分享之特點，把蘊藏在汪氏言辭間的人生哲理推而廣之。

汪精衛生於兵連禍結的晚清時期，歷經風雨飄搖的民國時代，他既是志於推翻帝制的革命志士、也是治理國家的政治領袖，其一生擔負多項重要職務，如同盟會評議部部長、廣東省教育會長、國民政府主席、行政院長、外交部長等，對國家、民族、政治各範疇都有透徹認識，其文字、思想就算跨越一整個世紀，至今仍然適用。

本書能以語錄之形式出版，得益於汪氏文學造詣，其文字精闢獨到，情摯感人，往往能以三言兩語準確說明複雜的事物，加上其一生演講無數，筆耕不輟，曾出版的文章、詩詞數以千計，故本書能夠以最扼要之形式，讓讀者體會汪氏在文化、政治、民生、思想、文學、教育等各個領域上的思想智慧，啟發他們思考汪氏言論與現今之關係，自行定斷其文字之價值。

以文學目光觀之，讀者能從汪氏筆下欣賞到中國語文的內涵；以歷史角度言之，本作會是鑽研民國歷史者之入門作，逐步引領讀者深入研

究汪精衛文獻。即使早已閱讀過系列作的讀者，也可以透過語錄深化記憶，借鑑汪氏的話，對人生、時局做出不一樣的思考。

以下就全書編輯凡例，加以說明：

一、全書名言共分為七個題材，分別是政治與民眾、國家與民族、戰爭與和平、革命與犧牲、哲理與文化、堅貞與愛情、自然與風光，各有側重點，惟所摘錄之語句或會牽涉多個範疇，故只能按其著墨最重者區分所屬題材。

二、汪精衛作為民國歷史上最受爭議的人物之一，讀者或多或少都抱有先入為主的觀念，故全書名言刻意以隨機排列，藉此打破讀者固有的閱讀方式，賦予閱讀時的全新經驗。

三、為免斷章取義，摘錄以完整句子為主，並配以註釋補充背景資料，務使讀者閱讀時不受語境限制，更能從微細處窺探民國歷史。

四、堅貞與愛情收錄書信、詩詞所述對象為汪氏妻子陳璧君，字冰如，其於陳家排行第七，故汪氏又稱她為「七妹」。

五、在詩詞選句方面，優先摘錄《汪精衛詩詞彙編》上汪氏女婿何孟恆及妻子汪文惺認為「必背」、「必讀」之作品，以及文學名家陳石遺、屈向邦賞錄之句子。

六、正文開始前附有「題材索引」，按題材區分全書名言，各題材下再按時序細分不同事件，並逐一羅列相關名言之數字，以便讀者查找。

本作摘錄之汪氏名言，僅編者之選擇，或蘊藏哲理、或語摯情長，或能展示某個歷史面向，三百六十五句僅佔汪氏文章滄海一粟，有賴何重嘉女士惠賜卓見、黎智豐博士審視、八荒製作設計及排版、八荒圖書出版，以及一眾汪精衛紀念託管會同仁支持，編者方能把汪氏名言彙編成書，特此鳴謝諸位之辛勞。

倘讀者能以本書為契機，翻開更多汪精衛著作，必然另有體會，名言妙手可得。

朱安培，畢業於香港浸會大學中國語言及文學系，《汪精衛與現代中國》系列叢書責任編輯。

題材索引

政治與民眾

國家與民族

戰爭與和平

革命與犧牲

哲理與文化

刺殺攝政王：42, 176, 105, 148, 353, 357, 13

赴法國留學：169

巴黎和會：96, 107, 167

協助孫中山鞏固南方：348, 193, 267

中山艦事變：134, 282

引退去國：246

中原大戰：65, 280, 86, 29, 362, 67, 45, 213, 203,
47

汪、蔣再次合作：78, 72, 115, 305, 329, 130

蘆溝橋事變：77, 306

焦土抗戰：2

和平運動：339, 283, 101, 23, 218

堅貞與愛情

刺殺攝政王：110, 266, 359, 332, 189, 310

民國成立：192

協助孫中山鞏固南方：330, 263, 156, 163, 205, 289, 182, 74

改組國民黨：251

中原大戰：44

汪、蔣再次合作：350, 48, 12

遇刺療傷：127, 365

和平運動：91, 54, 144

自然與風光

刺殺攝政王：79, 4

民國成立：116, 99, 104

形骸有死生
性情有哀樂
此生何所為
此情何所託

001
戰爭與和平

有人說道：「為抗戰而死，不失為民族英雄；為和平運動而死，死了還受種種惡名。」哼！請你看看蘆溝橋事變以來，幾千百萬同胞的死骸堆在這裏，你還能有閒心替自己打算嗎？

●

1939年12月29日，汪精衛發表〈艷電書後〉，重申中日善鄰友好之必要，以及他的決心。全文請參看《汪精衛政治論述》匯校本下冊頁503–507。

002
哲理與文化

本來對於一名詞，必須給以一定義。如果這一名詞被採用做口號，則更不能不將其定義、解釋明白。不然，將有無數壞事，在一個好口號之下掩蔽住了。蔓延起來，其流弊有不忍言的。

•

1937年7月7日蘆溝橋事變，中國全面抗日，1938年1月12日，汪精衛發表〈如何使用民力〉，論及當時最為人稱道的焦土戰和游擊戰。全文請參看《汪精衛政治論述》匯校本中冊頁392–395。

003
戰爭與和平

和之可不可，視其條件而定。條件而妨及國家之生存獨立，則不可和；條件而不妨及國家之生存獨立，則可以和。

●

汪精衛回應「既已主戰，則不應又主和」之說法，出自1939年3月27日汪氏就曾仲鳴之死發表的〈舉一個例〉，詳細闡述對日和談之主張由來，全文請參看《汪精衛政治論述》匯校本下冊頁431–446。

004
自然與風光

向晚微風和，斜月明天邊。

流雲受餘艷，漾作晴霞妍。

•

汪精衛1910年謀刺滿清攝政王事敗後，於北京司法
部監獄作〈春晚〉，全詩請參看《汪精衛詩詞彙
編》上冊頁17，手稿見下冊頁27。

005
革命與犧牲

此時團體潰裂已甚，維持之法，非口舌所可彌縫，非手段所可挽回，要在吾輩努力為事實之進行，則灰心者復歸於熱，懷疑者復歸於信。

●

1907年，因革命起事先後失敗，章太炎、張繼等人在東京公然不承認孫中山為總理，並指其騙人回國送死、騙華僑錢以自用等等。汪精衛見革命黨內發生糾紛，遂決定謀刺攝政王，以圖重新團結革命黨人。1910年1月11日，汪精衛致書孫中山告別，全文請參看《汪精衛政治論述》匯校本上冊頁49–50。

006
革命與犧牲

我們抱定了不忘本的意志、抱定了迎頭趕上的精神，充實得一分鐘是一分鐘、充實得一點一滴是一點一滴。只要努力不斷，則我們犧牲的力量必然逐漸加大、加厚。

•

面對日本侵略，汪精衛於1934年10月10日國慶日上發表〈充實與犧牲〉，考量到實力不及對方，主張一定要忍辱負重，以臥薪嘗膽的精神來充實國力，全文請參看《汪精衛政治論述》匯校本中冊頁338–341。

007
自然與風光

心逐野雲飛，忽又墜溪水。

•

汪精衛1919年出席巴黎和議前，與方君璧家同遊比那蓮山Pyrenees時作詩〈山中即事〉，乃〈比那蓮山雜詩〉四首其一，全詩請參看《汪精衛詩詞彙編》上冊頁35，手稿見下冊頁76、196。

008
自然與風光

一種清明和悅意，

欲將坦蕩託微波。

●

汪精衛1927年所作詩〈海上雜詩〉其一，其時汪氏正
於法國治病，後來聞國民黨部被共產黨把持，便決心
歸國，全詩請參看《汪精衛詩詞彙編》上冊頁65，
手稿見下冊頁155。

009
戰爭與和平

兄弟以為若要對外方針能著著進行，必須國內的統一與安定。舉個譬喻，若要一支軍隊能夠對外作戰，則必須這支軍隊內部組織能夠健全。軍隊如此，國家何獨不然？斷沒有一個國家之內不能維持統一與安定，而可以言對外的。

•

1936年2月19日，汪精衛前往德國治療遭遇暗殺後遺留下來的鎗傷，12月得知西安事變發生後決定回國。1937年2月1日，汪精衛在國民政府紀念週發表演說〈安內與攘外〉，謂攘外能否有效，要看安內的工作如何而定，全文請參看《汪精衛政治論述》匯校本中冊頁380–383。

010
戰爭與和平

焦土、游擊戰這兩個名詞，本來是戰術上的名詞。然而流行起來，漸漸的成為政治上的名詞了，這於民力所關甚大。善用之，可以使民力發展，有益於長期抗戰；不善用之，則可以消耗民力，斷絕了長期抗戰的生命。

●

1937年7月7日蘆溝橋事變，中國全面抗日，1938年1月12日，汪精衛發表〈如何使用民力〉，論及當時最為人稱道的焦土戰和游擊戰。全文請參看《汪精衛政治論述》匯校本中冊頁392–395。

011
自然與風光

海風吹出月如如，

一片清光不可濡。

•

汪精衛1927年作詩〈海上觀月〉，其時汪氏正於法國治病，後來聞國民黨部被共產黨把持，便決心歸國，全詩請參看《汪精衛詩詞彙編》上冊頁64，手稿見下冊頁152。

012
堅貞與愛情

好語相酬惟努力，

人間憂患正縱橫。

•

1934年3月31日汪精衛作詩〈二十五年結婚紀念日賦示冰如〉，全詩請參看《汪精衛詩詞彙編》上冊頁102，手稿見下冊頁336。

013
哲理與文化

忘卻形骸累，靈臺自曠然。

●

汪精衛1910年於北京司法部監獄作〈雜詩〉，其時汪氏因謀刺滿清攝政王事敗一事被判終身監禁，全詩請參看《汪精衛詩詞彙編》上冊頁10，手稿見下冊頁8。

014
革命與犧牲

一國之內，負責之重莫平民若，所處之卑亦莫平民若。平民猶地也，盡人所不能離，亦盡人得而蹴踏之矣。然使有人心者，苟設身處地以平民之休戚為休戚，則平民所受之疾苦若躬自受之，度未有不愴然而起者也。

●

汪精衛1910年2月1日發表〈論革命之趨勢〉，後來其行刺攝政王不遂被捕時，警方在他身上搜得這篇文章。文中汪氏舉例說明清朝所謂立憲對人民自由的箝制，全文見《汪精衛政治論述》匯校本上冊頁51–72。

015
革命與犧牲

欲犧牲其身者，其所由之道有二焉。一曰恆，二曰烈。

•

1909年12月27日，汪精衛行刺攝政王前再致函給胡漢民，並請胡氏在他犧牲後，刊登至《中興報》上，作為他之絕筆。文中道出汪精衛願意犧牲之因由，全文請參看《汪精衛政治論述》匯校本上冊頁44–45。

016
自然與風光

慚君不帶風塵色，

更為行人著意青。

•

汪精衛1937年作詩〈別廬山三年矣舟至九江望見口占〉，其時汪精衛原於德國治療遭遇暗殺後遺留下來的鎗傷，1936年12月得知西安事變發生後決定回國，全詩請參看《汪精衛詩詞彙編》上冊頁117。

017
政治與民眾

一切民眾，對於切身問題有所表示者，便被指為共產黨或共產工具。兩年以來，不明不白的，不知坑了多少青年，卻還未滿那些軍閥及其一切寄生蟲的「血渴」。

•

第三次全國代表大會召開以後，一切權力操於蔣介石個人手上，黨名實俱亡。1929年3月12日，汪精衛於孫中山第四年逝世日發表〈本黨總理孫先生逝世日感言〉，認為現時總理改組的目的和精神已被毀滅，國民革命受到摧殘而夭折。同志須認準方向，努力自惡勢力中殺出重圍。全文請參看《汪精衛政治論述》匯校本中冊頁259–264。

018
政治與民眾

今主持中央者，以少數人之私意蹂躪黨員與民眾之公意，而飾之曰防共。此與北洋軍閥以反共之口實，而反對國民革命者何異？此種防共之法，其結果恐益增共黨煽惑之機會而已。

•

1929年第三次全國代表大會，蔣介石為了便於控制，由南京黨中央指派或圈定絕大多數代表。1929年3月11日汪精衛、陳公博等14名中央委員聯名發表〈關於最近黨務政治宣言〉，抨擊當時政局，明確反對三全大會代表產生方法。全文請參看《汪精衛政治論述》匯校本中冊頁255–258。

019
國家與民族

須知道世界上有可破的軍隊，沒有可滅的人心。只要國民不肯亡國，國是斷斷不會亡的。

●

1932年1月28日，駐上海的日本海軍發動事變。2月15日汪精衛在徐州發表演講〈一面抵抗一面交涉〉，說明中國解決糾紛的最低限度是不失國土和主權，過此則決不讓步。全文請參看《汪精衛政治論述》匯校本中冊頁314–318。

020
政治與民眾

黨不能拘束黨員，黨員反能拘束黨，何也。以黨無經濟基礎，黨員既別求得經濟來源，則無須乎黨也。

•

1931年九一八事變爆發，日軍進攻瀋陽，於是南京國民黨中央執行委員會和廣州非常會議隨即通電息爭禦侮，共赴國難，汪精衛與蔣介石因此再度合作。1933年10月5日，汪精衛致李浩駒函，信中分析黨內同志內鬥紛擾的前因後果，並列舉包含經濟基礎薄弱等七點因素。全信見《汪精衛生平與理念》頁391–395。

021
戰爭與和平

沒有同等的力量以前，要求得到平等的待遇、平等的地位，是不可能的。

•

1935年元旦，汪精衛發表〈救亡圖存之方針〉，認為中國的國難在於不自由不平等，國民革命的目的也就是求中國的自由和平等，而要有救亡圖存的機會，則必須專心致志的埋頭苦幹。國力多儲蓄得一分是一分。全文請參看《汪精衛政治論述》匯校本中冊頁342–351。

022
國家與民族

一個國家，在軍事力量不幸而被擊破之後，這個國家，還有一種力量，可以存在，這一種力量是什麼？是民族意識。

·

1940年汪精衛為與日本實現和平，成立國民政府，還都南京。1941年元旦，發表廣播〈和平運動之前途〉，全文請參看《汪精衛政治論述》匯校本下冊頁512–518。

023
哲理與文化

只要努力做成可以為友的材料、努力做成可以為友的資格，不愁人家不來和你做朋友。

●

1940年汪精衛為與日本實現和平，成立國民政府，還都南京。1941年元旦，汪精衛發表〈所望於民國三十年者〉，指民國成立於今三十年，之所以還未能完成建設，其中一重要原因是外交方針不能確定。全文請參看《汪精衛政治論述》匯校本下冊頁585–588。

<u>024</u>
自然與風光

出峽天如放，虛舟思渺然。

•

汪精衛所作詩〈出峽〉，全詩請參看《汪精衛詩詞
彙編》上冊頁56，手稿見下冊頁128。

025
國家與民族

各國於其人民皆有一定之教育，普通知識遍於齊民、精深藝術待於學者；而中國則率獸食人之輩所在皆是，視學問如仇讎，於一學說之紹介、一思潮之萌芽，輒摧殘之。惟恐不力，必欲陷全國人心於抱殘守缺之境也。

●

汪精衛述當時中國與各國在教育上之差異，出自汪氏參與巴黎和會後，於1920年2月1日出版的〈巴黎和議後之世界與中國・緒論〉，全文請參看《汪精衛政治論述》匯校本上冊頁102–113。

026
戰爭與和平

民眾是國力的基礎，也就是武力的泉源，沒有民眾不發展而軍隊能充實的。

●

1944年1月1日，汪精衛於元旦發表〈傾全力於決戰第一，完成興華保亞使命〉，說明今年度和平運動工作之重點，全文請參看《汪精衛政治論述》匯校本下冊頁666–669。

027
戰爭與和平

我看透了、並且斷定了，中日兩國，明明白白。戰爭則兩傷，和平則共存。兩國對於和平，只要相與努力，必能奠定東亞長百年治久安之局。不然，只有兩敗俱傷、同歸於盡。

●

1939年3月21日，汪精衛於河內被刺，親信曾仲鳴因此而死，27日汪精衛就曾氏之死發表〈舉一個例〉，詳細闡述對日和談之主張由來。全文請參看《汪精衛政治論述》匯校本下冊頁431–446。

028
國家與民族

知中國之所重者，不在主權、不在土地人民，而惟在體面。遂亦競以深情厚貌相結，以期外交上之圓滑。而中國之人，遂以沾沾自喜。間有一二小小權利，得僥倖爭回，則尤大喜欲狂。而於外國之協以謀我，瞠乎若無所見。此直燕雀巢於屋樑，而不知大廈之降傾也。

●

汪精衛指國人之思想從賤外排外一轉而為媚外，出自汪氏1910年行刺攝政王不遂被捕後，於4月所書的〈庚戌年被逮第二次親筆供辭〉，全文請參看《汪精衛政治論述》匯校本上冊頁80–96。

029
哲理與文化

詩之最醜不可耐者，如「夢想封侯」及「自憐落魄」等語。

•

1929年，汪精衛等聯名發表通電，指責蔣介石自組府以來即逐漸恣肆，背叛革命等，呼籲武裝同志迅提義師，掃除叛逆。1930年汪氏居香港從旁協助倒蔣運動，並以「曼昭」為筆名於《南華日報》連載南社詩話，此引文即出自詩話第七則，全文請參看《汪精衛南社詩話》頁28–33。

030
戰爭與和平

所謂在最低限度之上，我們忍受，就是交涉；在最低限度之下，我們拒絕，就是抵抗。

·

1932年4月10日，汪精衛於洛陽國難會議中發表報告〈對軍事外交的方針和決心〉，同日會議通過共同禦侮案，決議政府必以武力或外交方法抵抗破壞中國政治土地或行政完整之任何國家，決不簽定與上述原則相反之任何協定，全文請參看《汪精衛政治論述》匯校本中冊頁319–324。

031
革命與犧牲

苛政猛於虎，人民之生命為所戕賊、人民之財產為所剝奪，一舉手一投足皆可罹於刑網。憂傷憔悴，生之危不如死之樂，其不平之氣豈待有提撕之者而後覺耶？

·

汪精衛1910年2月1日發表〈論革命之趨勢〉，後來其行刺攝政王不遂被捕時，警方在他身上搜得這篇文章。文中汪氏舉例說明清朝所謂立憲對人民自由的箝制，全文見《汪精衛政治論述》匯校本上冊頁51–72。

032
自然與風光

丹楓不是尋常色，

半是啼痕半血痕。

•

汪精衛於1914年秋間作〈紅葉〉其二，其時汪氏居
法國，7月歐戰爆發，遂避居間鄉Nantes，全詩請參
看《汪精衛詩詞彙編》上冊頁25，手稿見下冊頁
49。

033
革命與犧牲

願我淚為霜，殺草不使生。

願我淚為露，滋花使向榮。

●

汪精衛於1930年在香港所作〈雜詩〉其八，其時國民黨黨內紛爭愈發嚴重，中央黨部擴大會議正在醞釀之中，全詩請參看《汪精衛詩詞彙編》上冊頁83–84。

034
革命與犧牲

家中子弟多矣，何靳此一人，望縱之，俾為國流血，以竟其志，死且不朽。

•

1933年12月7日，汪精衛應《東方雜誌》之邀約，寫下〈自述〉一文，概括了出身與早期的經歷。全文請參看《汪精衛生平與理念》頁518–519。

035
國家與民族

世界上斷斷乎沒有將國力任意蹧蹋而國能不亡的，中國今日除了和平反共建國，斷斷乎沒有第二條救亡的路。

•

1940年汪精衛為與日本實現和平，成立國民政府，還都南京。1941年元旦，汪精衛發表〈所望於民國三十年者〉，指民國成立於今三十年，之所以還未能完成建設，其中一重要原因是外交方針不能確定。全文請參看《汪精衛政治論述》匯校本下冊頁585–588。

036
革命與犧牲

我數月以來橫一「殉國歟救國歟」之問題於胸中，沉吟不下萬餘次。蓋殉國，於公則盡心，於私則共患難事之易為者。救國則千災萬毒萃於一身，其事至難，然終不得不決然出於救之途，誠以國不可亡，亡則不易復存也。

•

1939年2月8日，曾仲鳴致函方君璧，信中提及汪精衛給其長子汪文嬰的書信中，曾透露出其對與日和談的考慮。全信見《汪精衛生平與理念》頁410–411。

037
戰爭與和平

你難道不知道自抗戰以來，所失去的地方，其幅員之多、時間之短，歷史上宋亡、明亡的時候都無其例麼？不過宋亡、明亡的時候，每失一地，還知道痛心，朝廷是要下詔罪己的、將帥是要革職拿辦的。如今呢？卻滿不在乎！

•

1939年3月30日，汪精衛發表〈覆華僑某君書〉，解答某君對與日言和之疑問，全文請參看《汪精衛政治論述》匯校本下冊頁447–452。

038
國家與民族

中落之國民與方興之國民，初無可以共存之道也。苟不甘以中落之國民自居，則不可不致力於平等之生活，以得共同之生活。

●

汪精衛謂中國若要擺脫軍國主義、殖民地主義侵入，與各國共存，必須努力達至平等之地位，出自汪氏參與巴黎和會後，於1920年2月1日出版的〈巴黎和議後之世界與中國‧緒論〉，全文請參看《汪精衛政治論述》匯校本上冊頁102–113。

039
國家與民族

自十九世紀以來，亡國之人，不只武力，一切經濟文化，皆可為亡人之國的工具。所以國不亡則已，既亡之後，絕無可以復存。

●

1937年7月7日蘆溝橋事變，中國全面抗日，8月4日汪精衛在中央廣播電台發表〈大家要說老實話大家要負責任〉，主張實話實說，努力去做，不唱高調、不作奢想，全文請參看《汪精衛政治論述》匯校本中冊頁386–390。

040
革命與犧牲

德之不建、民之無援，使人陷於沈憂之中而不能自拔，由此鬱積以成革命之決心，是故其決心至單純也、至堅凝也。

•

1910年2月1日，汪精衛以「守約」為筆名，於《民報》發表〈革命之決心〉，他於行刺攝政王前，把這篇文章與〈革命之趨勢〉、〈告別同志書〉一起縫入衣服內，文章述及革命之因由，道出其一生所抱宗旨，全文請參看《汪精衛政治論述》匯校本上冊頁73–77。

041
自然與風光

海縣忽作天花散，

釀出千巖萬壑春。

•

汪精衛1920年遊廬山時作詩〈王思任遊記稱嘗於五老峯頭望海縣萬里余雖不敢必亦庶幾遇之八月二日晨起倚欄山下川原平時歷歷在目至是則滿屯白雲浩然如海深不見底若浮若沈日光俄上輝映萬狀其受日深者色通明如琥珀淺者暈若芙蕖少焉英英飛上繽紛山谷間使人神意為奪古人真不我欺也〉，乃〈廬山雜詩〉其十三，全詩請參看《汪精衛詩詞彙編》上冊頁44，手稿見下冊頁95–96。

042
哲理與文化

復念世人性質好崇拜死人而批評生人，此風大不可長，欲為文以正之。使知生負委曲繁重之任者，其難固有甚於死者也。

•

出自1909年12月27日〈再與漢民書〉，寫於汪氏行刺攝政王前，並請胡氏在他犧牲後，刊登至《中興報》上，作為他之絕筆。全文請參看《汪精衛政治論述》匯校本上冊頁44–45。

043
革命與犧牲

革命之勇氣，由仁心而生者也。仁心一日不滅，則勇氣一日不息。故能毅然以身為犧牲而不辭。

•

1909年12月27日，汪精衛行刺攝政王前再致函給胡漢民，並請胡氏在他犧牲後，刊登至《中興報》上，作為他之絕筆。文中道出汪精衛願意犧牲之因由，全文請參看《汪精衛政治論述》匯校本上冊頁44–45。

044
堅貞與愛情

由來明月多情甚，

不照團欒照別離。

•

汪精衛〈中秋夜作〉，其時汪氏正召開擴大會議，
主張以中央黨部確立國民黨的重心，全詩請參看
《汪精衛詩詞彙編》上冊頁82。

045
哲理與文化

非必「叫苦」「鳴不平」「怒吼」，然後可謂為革命文學。

●

1929年，汪精衛等聯名發表通電，指責蔣介石自組府以來即逐漸恣肆，背叛革命等，呼籲武裝同志迅提義師，掃除叛逆。1930年汪氏居香港從旁協助倒蔣運動，並以「曼昭」為筆名於《南華日報》連載南社詩話，此引文即出自詩話第十三則，全文請參看《汪精衛南社詩話》頁47–51。

046
國家與民族

總理對於我們國家及民族的受病所在，從來不肯取虛偽的態度。因為一個人必須有了承認疾病的勇氣，纔能有救治疾病的勇氣。

•

面對日本侵略，汪精衛於1934年10月10日國慶日上發表〈充實與犧牲〉，考量到實力不及對方，主張一定要忍辱負重，以臥薪嘗膽的精神來充實國力，全文請參看《汪精衛政治論述》匯校本中冊頁338–341。

047
哲理與文化

人類心性，以和平為本質，其激烈乃事勢迫之，不得不然。猶之汪汪千頃波，受風而為浪，遇石而成湍，非得已也。有菩薩心腸，乃能有金剛面目。

·

1929年，汪精衛等聯名發表通電，指責蔣介石自組府以來即逐漸恣肆，背叛革命等，呼籲武裝同志迅提義師，掃除叛逆。1930年汪氏居香港從旁協助倒蔣運動，並以「曼昭」為筆名於《南華日報》連載南社詩話，此引文即出自詩話第三十一則，全文請參看《汪精衛南社詩話》頁109–111。

048
堅貞與愛情

志決但期能共死，

情深聊復信來生。

•

1934年3月31日汪精衛作〈二十五年結婚紀念日賦示
冰如〉，詩中重提1910年謀刺攝政王一事，全詩請
參看《汪精衛詩詞彙編》上冊頁102，手稿見下冊頁
336。

049
國家與民族

可憐的中國人，幾十年來，前誤於軍閥、後誤於個人獨裁，把軍事力量看得如同從天下降的金甲神一樣。於是，開口實力、閉口實力，把實力與軍事力量看成一物。從前以為沒有軍事力量不能抗戰，如今以為沒有軍事力量不能講和，這不是把軍事力量看得太重，卻是把民族意識的力量看得太輕了。

•

1940年汪精衛為與日本實現和平，成立國民政府，還都南京。1941年元旦，發表廣播〈和平運動之前途〉，全文請參看《汪精衛政治論述》匯校本下冊頁512–518。

050
政治與民眾

至於共產黨呢，口裏說為民眾而革命，其實是為革命而求民眾，口口聲聲無非說怎樣「抓住民眾」。「抓住」二字，何等兇狠，恰如鷹抓住兔一樣；而其所謂民眾，又不過祇是無產階級民眾。

•

1927年7月15日汪精衛向中央黨部正式提出分共後，寧漢同志相互通電重新謀求合作，10月16日，汪精衛在武漢政治分會發表演說〈與南京代表團商榷恢復中央黨部之經過〉，報告最近與漢口中央各委員及武漢政治分會諸同志就黨務的討論以及黨改組以後的精神。全文請參看《汪精衛政治論述》匯校本上冊頁187–193。

汪精衛亂世抉擇

051
革命與犧牲

無如革命黨之行事不能以運動為已足，縱有千百之革命黨運動於海外，而於內地全無聲響、不見有直接激烈之行動，則人幾幾忘中國之有革命黨矣。

•

1909年5月8日，汪精衛致函胡漢民，清楚表明其心跡以及謀刺攝政王之原因，從中可見他並非為一時慷慨而赴死。出自〈與漢民書〉，全文請參看《汪精衛政治論述》匯校本上冊頁39–43。

052
政治與民眾

如果民主勢力沒有養成、民主社會沒有確立，不但白紙上沒有黑字，即使有了黑字，每一個有特殊勢力的人，就不會將白紙上的黑字當做一回事。譬如你要他走，他白賴着不走；你反對他，他小之叫警察來捉拿你、大之索性叫他私人豢養的軍隊來掃滅你。

•

汪精衛述說民主未養成前，無法迫使從事政治或軍事的人循着民主法式行動，出自1930年1月11日發表的〈黨治之意義〉，其時國民黨因蔣介石專權引發內戰，全文請參看《汪精衛政治論述》匯校本中冊頁271–275。

053
革命與犧牲

我今日想起當初和我一同坐飛機出重慶的曾仲鳴同志及首先勸我離開重慶的沈崧同志，我慚愧我到今日尚在人間！我誓以我所餘的熱血，貢獻於和平運動！

●

1939年3月21日，曾仲鳴於河內遭遇暗殺而死；1939年8月22日，沈崧於香港遇襲身亡，二人俱是汪精衛之親信，一同追隨汪氏和平運動之主張。出自1939年12月29日的〈艷電書後〉，全文請參看《汪精衛政治論述》匯校本下冊頁503–507。

054
堅貞與愛情

多君黽勉證同心，撫事傷時殆不任。

縱橫憂患今方始，敢說操危慮亦深。

•

出自汪精衛1941年4月24日作〈冰如手書陽明先生答
聶文蔚書及余所作述懷詩合為長卷繫之以辭因題其
後時為中華民國三十年四月二十四日距同讀傳習錄
時已三十三年距作述懷詩時已三十二年矣〉，全詩
請參看《汪精衛詩詞彙編》上冊頁122。

055
革命與犧牲

致數十萬兵士、黨員生命與數萬萬財產之犧牲，僅換得極少數人之權利。此種只更換統治者個人而不更換政治制度之革命，實已失掉革命之意義。雖表面上，一切政令尚擁黨的名義以行，但實際上黨已不能代表民眾之意思，而每為軍閥、官僚所利用。

•

1929年第三次全國代表大會，蔣介石為了便於控制，由南京黨中央指派或圈定絕大多數代表。1929年3月11日汪精衛、陳公博等14名中央委員聯名發表〈關於最近黨務政治宣言〉，抨擊當時政局，明確反對三全大會代表產生方法。全文請參看《汪精衛政治論述》匯校本中冊頁255–258。

056
革命與犧牲

待得蒸騰薦新稻，

要使蒼生同一飽。

·

汪精衛1910年謀刺滿清攝政王事敗後於獄中作詩
〈見人析車輪為薪為作此歌〉，其意呼應〈革命之
決心〉一文以煮飯比作革命之過程，全詩請參看
《汪精衛詩詞彙編》上冊頁15，手稿見下冊頁23。

057
政治與民眾

從前的軍閥，對於國會憎厭、憤懣。所用的手段是壓迫摧殘，拙劣極了；如今的軍閥，對於黨，有時也用壓迫摧殘的手段，有時卻偷摸撮弄、轉形變性。種種把戲，無所不有。

•

第三次全國代表大會召開以後，一切權力操於蔣介石個人手上，黨名實俱亡。1929年3月12日，汪精衛於孫中山第四年逝世日發表〈本黨總理孫先生逝世日感言〉，認為現時總理改組的目的和精神已被毀滅，國民革命受到摧殘而夭折。同志須認準方向，努力自惡勢力中殺出重圍。全文請參看《汪精衛政治論述》匯校本中冊頁259–264。

058
自然與風光

鳥雀亦如人望治，

晴光纔動樂聲多。

·

汪精衛所作詩〈即事〉，全詩請參看《汪精衛詩詞
彙編》上冊頁57，手稿見下冊頁132。

059
自然與風光

君看枝上青如豆，

肯負飛花墜溷心。

•

汪精衛所作詩〈禊日集後湖分韻得林字〉，全詩請
參看《汪精衛詩詞彙編》上冊頁96。

060
自然與風光

山色間紺碧，花光涵絳緋。

清輝一相映，百丈成虹霓。

•

汪精衛1924年於北京西山作詩〈再登金山桃杏花已
盛開〉，乃〈西山紀游詩〉其五，其時孫中山準備
赴北京與段祺瑞共商國是，汪氏於是先行到北京部
署，全詩請參看《汪精衛詩詞彙編》上冊頁53，手
稿見下冊頁120–121。

061
戰爭與和平

敝國目前最感迫切需要者，為必須有統一而健全之政府，而此政府尤必須能與貴國立於平等之地位。

●

1939年2月4日，汪精衛致函日本首相近衛文麿，就中日和平之前途陳述意見，出自〈致日本近衛公爵函一〉全文請參看《汪精衛政治論述》匯校本下冊頁429–430。

062

戰爭與和平

我之離開重慶，十之八九是為有共產黨
人夾雜在裏頭，弄得抗戰的空氣變了質
了。這樣抗戰下去，敗則中國實受其
禍，成則受其福者不是中國。

●

1939年9月5日，汪精衛發表〈歐戰與中國之前
途〉，文中論及各國如何對付共產黨，並認為現在
唯一的救國方法就是從速與日本恢復和平。全文請
參看《汪精衛政治論述》匯校本下冊頁490–492。

063
革命與犧牲

我們再說一遍，就是一切事情沒有人來擔當的時候，我們挺身來擔任、我們絕不推諉；但是如果有比較我們好的人才來的時候，我們立刻退讓、我們絕沒有一點留戀。

•

1940年3月23日，汪精衛發表〈國民政府還都的重大使命〉廣播演講，謂和平運動的目標在於實現和平與憲政。全文請參看《汪精衛政治論述》匯校本下冊頁532–538。

064
革命與犧牲

我覺得拿生平的演講和論說，當作
自傳，是最真實的，不必另外再作
自傳了。

●

1933年12月7日，汪精衛應《東方雜誌》之邀約，寫
下〈自述〉一文，概括了出身與早期的經歷。全文
請參看《汪精衛生平與理念》頁518–519。

065
哲理與文化

崎嶇蟻負重，飄瞥駒過隙。

豈無欲速意？所戒在枉尺。

•

汪精衛1929年作〈秋夜〉，其時國民黨一切權力操
於蔣介石個人手上，黨名實俱亡。全詩請參看《汪
精衛詩詞彙編》上冊頁67，手稿見下冊頁162。

066
戰爭與和平

如果國民政府始終不下決心，任這局面僵下去，我雖離國，也會回來。

•

汪精衛憶述1939年2月中旬，重慶曾派中央委員谷正鼎來給其護照，請其出國，汪氏於是託其向重慶傳話，此即其中一句，出自1939年3月27日汪氏就曾仲鳴之死發表的〈舉一個例〉，詳細闡述對日和談之主張由來，全文請參看《汪精衛政治論述》匯校本下冊頁431–446。

067

哲理與文化

革命黨人儘可只顧實行，不治文學。若既治文學，則其描寫總不能不及於多方面。若必如道學先生之口不離詩云子曰，和尚之口不離阿彌陀佛，神甫之口不離天降罰于爾，則非愚即偽而已。

•

1929年，汪精衛等聯名發表通電，指責蔣介石自組府以來即逐漸恣肆，背叛革命等，呼籲武裝同志迅提義師，掃除叛逆。1930年汪氏居香港從旁協助倒蔣運動，並以「曼昭」為筆名於《南華日報》連載南社詩話，此引文即出自詩話第十三則，全文請參看《汪精衛南社詩話》頁47–51。

068
革命與犧牲

一個人既然獻身於國家社會、為之服務，應該自視為一種工具。其用捨行藏，惟以於事有濟為準，而一己初無所容心於其間，所以一個「任」字與一個「讓」字最要用得恰當。有些時候，招之亦不來；有些時候，麾之亦不去也。

●

1931年5月9日，汪精衛向《香港南華星期報》駐滬記者發接談話，認為各派應聯合反蔣介石之專制，並重申自己無參加政局之意，決意從旁積極協助。全文請參看〈汪精衛先生對於最近時局之主張〉，《汪精衛政治論述》匯校本中冊頁307–313。

069
自然與風光

朝暉流影入雲羅，

盡熨風紋似鏡磨。

●

汪精衛1927年所作詩〈海上雜詩〉其一，其時汪氏
正於法國治病，後來聞聞國民黨部被共產黨把持，
便決心歸國，全詩請參看《汪精衛詩詞彙編》上冊
頁65，手稿見下冊頁155。

070
戰爭與和平

在今日的世界，和平衹是理想的名詞，不是實現的名詞。要實現這理想，依然需要奮鬥。奮鬥不止靠志願，尤其靠力量。志願可以一朝奮發，力量則不是一朝一夕所能養成。

·

出自1934年3月12日，汪精衛在中央黨部發表〈總理逝世九週年紀念〉演講，全文請參看《汪精衛政治論述》匯校本中冊頁330–333。

071
自然與風光

山澤川塗同一例，

人生何處不籠樊。

●

汪精衛1926年作〈病中讀陶詩〉，其時發生「中山艦事變」，加上汪氏患嚴重糖尿病，遂辭去廣州國民政府主席、政治委員會主席、軍事委員會主席等職務，於鄉間靜養，全詩請參看《汪精衛詩詞彙編》上冊頁58，手稿見下冊頁134–135。

072
哲理與文化

明明一件事物，自己的遠不如人，也偏要說是自己的好。例如近代發明的醫學，他們會說不如他們老祖宗的《黃帝內經》以及《醫宗金鑑》。

•

汪精衛述中國之驕傲，使人盲目，唯有放下，才能與他人比較得清楚，出自1934年7月24日的〈破落戶與暴發戶〉，全文請參看《汪精衛政治論述》匯校本中冊頁334–337。

073
政治與民眾

只有處處抵抗，人人抵抗，令敵人不踏着我們的血跡，一步不能前進。而且前進之際是不能不後顧的，留得兵多，消耗必大；留得兵不多，我們可以斷其交通、切其聯絡線。這樣做法或可以使敵人坐困，然而這是由戰而得來的，絕不是由不戰而得來的。

•

1937年7月7日蘆溝橋事變，中國全面抗日，1938年1月12日，汪精衛發表〈如何使用民力〉，論及當時最為人稱道的焦土戰和游擊戰。全文請參看《汪精衛政治論述》匯校本中冊頁392–395。

074
堅貞與愛情

最憐他兒女鐙前，

依依也識別離苦。

•

1923年4月，陳璧君為紀念朱執信，赴美洲籌款建執信學校校舍，汪精衛賦詞〈綺羅香〉送別，全詞請參看《汪精衛詩詞彙編》上冊頁76，手稿見下冊頁188–189。

075
戰爭與和平

固然，中國到了最低限度的時候，也只有寧為玉碎、不為瓦全。拚之處處流血、人人流血，眼前雖蒙着亡國的悲運，卻也下了將來復興的種子。

●

1935年元旦，汪精衛發表〈救亡圖存之方針〉，認為中國的國難在於不自由不平等，國民革命的目的也就是求中國的自由和平等，而要有救亡圖存的機會，則必須專心致志的埋頭苦幹。國力多儲蓄得一分是一分。全文請參看《汪精衛政治論述》匯校本中冊頁342–351。

<u>076</u>
革命與犧牲

若要簽名於承認傀儡政府及割讓東三省、熱河之條約，則弟以為宜俟吾黨犧牲之後，屆時弟必不獨生，以程嬰、公孫杵臼為例，亦可謂吾黨為其易，使他人為其難，但亦可謂如此始成一段落也。

●

1933年，汪精衛就國事曾和學者及知名人士諮商討論，胡適是其中之一人，4月23日汪精衛致胡適，並附其覆某先生電，作為對日問題的陳述。全文請參看《汪精衛政治論述》匯校本中冊頁325–326。

077
哲理與文化

中國宋末、明末曾兩次亡國，其亡國之
原因，最大、最著的在於不說老實話，
心裏所想與口裏所說並不一樣。其最好
方法，是自己不負責任，而看別人去怎
樣負法。

●

1937年7月7日蘆溝橋事變，中國全面抗日，8月4日
汪精衛在中央廣播電台發表〈大家要說老實話大家
要負責任〉，主張實話實說，努力去做，不唱高
調、不作奢想，全文請參看《汪精衛政治論述》匯
校本中冊頁386–390。

078
哲理與文化

他不是為現在而驕傲，乃是為過去而驕傲。這種驕傲的心理，又發生兩樣結果：其一、是沒有誠意的比較，其二、是沒有誠意的努力。

•

1934年7月24日，汪精衛在外交部總理紀念週發表演講〈破落戶與暴發戶〉，把中國比做「破落戶」，日本比做「暴發戶」，繼而指中國於思想上之普遍問題。全文請參看《汪精衛政治論述》匯校本中冊頁334–337。

079
自然與風光

飄如扁舟凌滄浪，

銀濤萬頃搖光芒。

●

汪精衛1910年謀刺滿清攝政王事敗後，於北京司法部監獄所作的〈大雪〉，全詩請參看《汪精衛詩詞彙編》上冊頁14，手稿見下冊頁18–19。

080
戰爭與和平

最可傷心者，還莫過於舖張小勝、掩飾大敗。小勝不是決定的勝利，用不着舖張的。何況舖張起來，以圖欺騙人民，其心更不可問呢！

•

1939年12月29日，汪精衛發表〈艷電書後〉，重申中日善鄰友好之必要，以及他的決心。全文請參看《汪精衛政治論述》匯校本下冊頁503–507。

081
政治與民眾

自國家機關觀之，專制則以一機關用事而無他之機關與之分權。立憲則其機關為統一的分科，立於分功之地位而非立於越俎之地位者也，立於關係之地位而非立於鈴制之地位者也。

●

汪精衛從國家層面述立憲與專制政體之區別，出自汪氏1906年1月22日發表的〈民族的國民〉其二。1905年汪氏加入同盟會，出任評議部評議長，同時為機關報《民報》主要撰稿人。11月26日首次以「精衛」署名發表〈民族的國民〉，宣揚自由平等，激勵民族意識和揭露滿清的專制。全文請參看《汪精衛政治論述》匯校本上冊頁24–38。

082
戰爭與和平

要知道人類是有機體的動物，如果他一部份受打擊之時，全體都會照應的。所以當着日本進攻中國之際，全國的人民、全體武裝同志，處處抵抗、人人抵抗。如果這樣，則日本必有精筋疲力盡之一日，我們就可以得最後的勝利了。

•

1932年1月28日，駐上海的日本海軍發動事變。2月15日汪精衛在徐州發表演講〈一面抵抗一面交涉〉，說明中國解決糾紛的最低限度是不失國土和主權，過此則決不讓步。全文請參看《汪精衛政治論述》匯校本中冊頁314–318。

083
戰爭與和平

誠不可把持權勢、脅迫民意，日日以抗戰到底、最後勝利自欺欺人，使國土愈蹙、國力愈耗，終至於不可救藥也。

●

1940年3月12日，汪精衛於總理逝世紀念日上發表〈和平宣言〉，述及孫中山有關中日宜攜手之言論，並說明和平建國之必要，詳細請參閱《汪精衛政治論述》匯校本下冊頁529–531。

084
革命與犧牲

革命之責任，必純潔而有勇者乃能負之以趨，非諸同志之望而誰望？願諸同志同心協力，固現在之基礎，努將來之進行，則革命之成功有如明朝旭日之必東升矣。弟雖流血於菜市街頭，猶張目以望革命軍之入都門也。言盡於此，伏維自愛。

·

1909年12月22日，汪精衛撰〈與南洋同志書〉，表明他將抱必死之決心，行刺攝政王，並寄望同志革命成功，全文請參看《汪精衛政治論述》匯校本上冊頁46–48。

085
國家與民族

蓋社會心理常為事實之母，果其民族精神團結不解，則雖怵於威力為形式上之服從，一旦暴發若潰江河，決非彼所能禦也。

•

1905年汪氏加入同盟會，出任評議部評議長，同時為機關報《民報》主要撰稿人。11月26日首次以「精衛」署名發表〈民族的國民〉，宣揚自由平等，激勵民族意識和揭露滿清的專制。汪氏又於文中解釋為何滿清需要從精神層面上同化漢族，全文請參看《汪精衛政治論述》匯校本上冊頁3–23。

086
哲理與文化

雄直與粗獷有別，亦正如蘊藉與委靡有別。欲為蘊藉而反得委靡者，其所作讀之，如聞蒼蠅之嗡嗡然，令人生厭。欲為雄直而反得粗獷者，其所作如牛鳴，令人發笑。

·

1929年，汪精衛等聯名發表通電，指責蔣介石自組府以來即逐漸恣肆，背叛革命等，呼籲武裝同志迅提義師，掃除叛逆。1930年汪氏居香港從旁協助倒蔣運動，並以「曼昭」為筆名於《南華日報》連載南社詩話，此引文即出自詩話第七則，全文請參看《汪精衛南社詩話》頁28–33。

087
戰爭與和平

「焦土戰」這名詞，其意義應該是人人以必死之決心，盡可能的努力；敵人來犯，把人力物力悉數使用，以與之抗；雖至人人皆成齏粉，物物皆化灰燼，亦在所不辭。這意義是極嚴肅的，同時是極正確的。

•

1937年7月7日蘆溝橋事變，中國全面抗日，1938年1月12日，汪精衛發表〈如何使用民力〉，論及當時最為人稱道的焦土戰和游擊戰。全文請參看《汪精衛政治論述》匯校本中冊頁392–395。

088
政治與民眾

惟建立民主政權，然後可以建立廉潔而有效能之政府、然後可以實現國家之統一、然後可以開始物質之建設、然後本黨之主義可以貫澈。

·

1929年第三次全國代表大會，蔣介石為了便於控制，由南京黨中央指派或圈定絕大多數代表。1929年3月11日汪精衛、陳公博等14名中央委員聯名發表〈關於最近黨務政治宣言〉，抨擊當時政局，明確反對三全大會代表產生方法。全文請參看《汪精衛政治論述》匯校本中冊頁255–258。

089
革命與犧牲

我們過去的工作有錯誤沒有呢？當然有的。無論那一個革命同志，其過去工作都不能完全沒有錯誤。自以為沒有錯誤的，不是自欺、便是欺人。

●

第三次全國代表大會召開以後，一切權力操於蔣介石個人手上，黨名實俱亡。1929年3月12日，汪精衛於孫中山第四年逝世日發表〈本黨總理孫先生逝世日感言〉，認為現時總理改組的目的和精神已被毀滅，國民革命受到摧殘而夭折。同志須認準方向，努力自惡勢力中殺出重圍。全文請參看《汪精衛政治論述》匯校本中冊頁259–264。

090
革命與犧牲

顧以革命之事，條理萬端，人當各就其性之所近者擇一而致力焉。既致力於是，則當專心致志死而後已，然後無負於初心也。

●

1909年12月22日，汪精衛撰〈與南洋同志書〉，表明他將抱必死之決心，行刺攝政王，並寄望同志革命成功，全文請參看《汪精衛政治論述》匯校本上冊頁46–48。

091
堅貞與愛情

何辭千里遠，共此一窗明。

•

汪精衛1940年8月所賦之〈水調歌頭〉（辛巳中秋寄冰如），全詞請參看《汪精衛詩詞彙編》上冊頁135，手稿見下冊頁300。

092
革命與犧牲

不畏死之勇，德之烈者也。不憚煩之勇，德之貞者也。二者之用，各有所宜。譬之炊米為飯，盛之以釜，爇之以薪。

●

1910年2月1日，汪精衛以「守約」為筆名，於《民報》發表〈革命之決心〉，他於行刺攝政王前，把這篇文章與〈革命之趨勢〉、〈告別同志書〉一起縫入衣服內，文章述及革命之因由，道出其一生所抱宗旨，全文請參看《汪精衛政治論述》匯校本上冊頁73–77。

093
國家與民族

吾人今日，有抵抗日本之決心，不憚公然言之。然吾人之抵抗德國，非抵抗德國，抵抗德國之軍國主義而已。吾人之抵抗日本，非抵抗日本，抵抗日本之軍國主義而已。

●

1919年4月，汪精衛以個人名義列席巴黎和會，並因和會偏袒日本而極力主張中國拒絕簽字《凡爾賽和約》，會議結束後，汪氏於1920年2月1日出版《巴黎和議後之世界與中國》，引文即出自該書緒論，全文請參看《汪精衛政治論述》匯校本上冊頁102–113。

094
自然與風光

此心靜似山頭月，

來聽清泉落澗聲。

●

汪精衛1920年遊廬山時所作詩〈水石月下〉，乃
〈廬山雜詩〉其三，全詩請參看《汪精衛詩詞彙
編》上冊頁41，手稿見下冊頁89–90。

095

自然與風光

為使年年春似海，

萬花齊落復齊開。

·

汪精衛所作詩〈看花絕句〉，全詩請參看《汪精衛
詩詞彙編》上冊頁142。

096
哲理與文化

為今日之人類，以立於今日之世界，
有一必不可忘之觀念焉。此觀念為何？
人類共存是已。

•

1919年4月，汪精衛以個人名義列席巴黎和會，並
因和會偏袒日本而極力主張中國拒絕簽字《凡爾賽
和約》，會議結束後，汪氏於1920年2月1日出版
《巴黎和議後之世界與中國》，引文即出自該書緒
論，全文請參看《汪精衛政治論述》匯校本上冊頁
102–113。

097
自然與風光

種豆豈宜雜荒穢，

植桑曾未擇高原。

●

汪精衛1926年作詩〈病中讀陶詩〉，其時發生「中山艦事變」，加上汪氏患嚴重糖尿病，遂辭去廣州國民政府主席、政治委員會主席、軍事委員會主席等職務，於鄉間靜養，全詩請參看《汪精衛詩詞彙編》上冊頁58，手稿見下冊頁134–135。

098
革命與犧牲

鵑魂若化知何處，

馬革能酬愧不如。

淒絕昨宵鐙影裏，

故人顏色漸糢糊。

●

1911年4月27日，同盟會於廣東省廣州起義，汪精衛於獄中聞獄卒提及此事，遂作〈辛亥三月二十九日廣州之役余在北京獄中偶聞獄卒道一二未能詳也詩以寄感〉，上述詩句即出自該詩其二作品，全詩請參看《汪精衛詩詞彙編》上冊頁18，手稿見下冊頁29–30。

<u>099</u>
自然與風光

幾疑天上銀河水，

來作人間玉鏡臺。

●

汪精衛於1912年秋天作〈太平山聽瀑布〉其三，其時汪氏與陳璧君一同到南洋檳榔嶼省親，全詩請參看《汪精衛詩詞彙編》上冊頁23，手稿見下冊頁40。

100
戰爭與和平

一般人儘管高調，政府則必須握着現實。不得不戰，則戰；可以和，則和。時時刻刻小心在意為國家找出一條生路，纔是合理。如今不然，政府的高調比一般人來得更大砲些。

●

1939年3月30日，汪精衛發表〈覆華僑某君書〉，解答某君對與日言和之疑問，全文請參看《汪精衛政治論述》匯校本下冊頁447–452。

101
哲理與文化

「祖宗罪孽深重，不自隕滅，禍延子孫。」他們這種論調自矜為客觀，其實不過獻諛歐美，唾棄自己的國家民族。這種論調猖獗起來，可以使一般青年習於忘恩負義，其結果斷送國家民族而不恤，真可痛心。

●

1940年8月27日，汪精衛發表〈紀念孔子的意義〉，冀藉紀念孔子喚起中國民族的自覺，又言從事和平運動的人，都決心為和平運動而犧牲，決非為偷生苟活，全文請參看《汪精衛政治論述》匯校本下冊頁568–570。

102
國家與民族

我這篇文字發表之後，說不定在什麼時候我會繼曾仲鳴先生而死。我所盼望的，我死之後，國人能留心看看我這篇文字、明瞭我的主張，是中國生存獨立之要道、同時也是世界與東亞長治久安之要道。

•

1938年12月29日，汪精衛發表〈艷電〉，主張以日本首相近衛文麿於22日所發對華聲明為基礎，與日交涉和平。1939年3月21日，汪氏於河內被刺，親信曾仲鳴因此而死，27日汪氏就此事發表〈舉一個例〉，詳述與日和談非其一人主張，且與國家民族生存所繫，為安慰死友，應盡最大努力以期主張實現，全文請參看《汪精衛政治論述》匯校本下冊頁431–446。

103
自然與風光

君為廬山峰，我為廬山雲。

因風以時來，無合亦無分。

•

汪精衛1932年夏復至廬山時作詩〈別廬山〉，乃
〈廬山雜詩〉其十一，全詩請參看《汪精衛詩詞彙
編》上冊頁102，手稿見下冊頁243–245。

104
自然與風光

何當化作巖中石，

一任清泉自在流。

·

汪精衛於1912年秋天作〈太平山聽瀑布〉其四，其
時汪氏與陳璧君一同到南洋檳榔嶼省親，全詩請參
看《汪精衛詩詞彙編》上冊頁23，手稿見下冊頁
40–41。

105
哲理與文化

君子敢於以渺然之身任天下之重，鞠躬盡瘁死而後已者，要皆為此惻隱之心所迫而使之然耳。吾人之決心於革命，孰非由惻隱之心所發者。

•

汪精衛從孟子惻隱之心著手，述人願投身革命之根本原因，出自1910年2月1日汪精衛以「守約」為筆名，於《民報》發表的〈革命之決心〉，他於行刺攝政王前，把這篇文章與〈革命之趨勢〉、〈告別同志書〉一起縫入衣服內，文章述及革命之因由，道出其一生所抱宗旨，全文請參看《汪精衛政治論述》匯校本上冊頁73–77。

106
自然與風光

朝來別有空濛意，

只在蒼煙萬頃中。

・

汪精衛於1914年在法國留學時作〈曉煙〉其一，全詩請參看《汪精衛詩詞彙編》上冊頁24，手稿見下冊頁44。

107
哲理與文化

世人疾首痛心於競爭之名詞,並正當之競爭而忽之,誠哉不免於過。然崇拜競爭之名詞者,則並不正當之競爭而亦視為當然。於是倡極端的人類相斫之主義,以戰爭為進化之必要,導一世以入於嗜殺人之慘境,良可嘆也。

•

1919年4月,汪精衛以個人名義列席巴黎和會,並因和會偏袒日本而極力主張中國拒絕簽字《凡爾賽和約》,會議結束後,汪氏於1920年2月1日出版《巴黎和議後之世界與中國》,引文即出自該書緒論,全文請參看《汪精衛政治論述》匯校本上冊頁102–113。

108
戰爭與和平

我們必須牢牢記著，每焦一塊土，其中不知含着多少脂膏、多少淚、多少汗、多少血。如果我們不得已而至於焦了這一塊土，則我們絕不能只毀了自己，至少至少也要給敵人以灼傷。不然，我們如何對得住老百姓？如何對得住良心呢？

●

1937年7月7日蘆溝橋事變，中國全面抗日，1938年1月12日，汪精衛發表〈如何使用民力〉，論及當時最為人稱道的焦土戰和游擊戰。全文請參看《汪精衛政治論述》匯校本中冊頁392–395。

109
自然與風光

楓林不共斜陽去，

自向荒郊寂寞紅。

•

汪精衛作詩〈送別〉，全詩請參看《汪精衛詩詞彙編》上冊頁94。

110
堅貞與愛情

及遇七妹，良友之情、知己之感，固已終身不忘。及其以愛情相授，情之相感，如嬰重病。病之來，不知其所自起，亦不知其所由止。

•

1910年2月25日，汪精衛在謀刺滿清攝政王前，致函給情同親姊的曾醒、方君瑛，自陳與七妹陳璧君從1907年相識到相戀經過，全文請參看《汪精衛生平與理念》頁355–360。

111
革命與犧牲

以公言之，弟衹知為黨國出死力，是非毀譽早置度外。以私言之，我不負人，更無所謂宿怨。

●

1936年2月19日，汪精衛前往德國治療遭遇暗殺後遺留下來的鎗傷，8、9月，汪氏致函李浩駒，謂其並無立即歸國之意，全信請參看《汪精衛生平與理念》頁405。

112
戰爭與和平

然則我們的決心，是怎麼樣呢？就是政府對於日本的交涉，準備一個最低的限度。在這個最低限度之上，政府有決心簽字、負責任簽字，即受國民一時的唾罵，也所不顧；如在最低限度之下，政府決不簽字，就是出於國民的要求，政府也不能從。

•

1932年4月10日，汪精衛於洛陽國難會議中發表報告〈對軍事外交的方針和決心〉，同日會議通過共同禦侮案，決議政府必以武力或外交方法抵抗破壞中國政治土地或行政完整之任何國家，決不簽定與上述原則相反之任何協定，全文請參看《汪精衛政治論述》匯校本中冊頁319–324。

113
革命與犧牲

假面具終有揭露之時，能於其未揭露之前而先灼見之且擊破之以告人者，惟有革命黨。今於戴面具之時，欲一揭破之使國民知不肯受欺者固大有人在，則直接激烈之行動必不可已也。

●

1909年5月8日，汪精衛致函胡漢民，清楚表明其心跡以及謀刺攝政王之原因，從中可見他並非為一時慷慨而赴死。出自〈與漢民書〉，全文請參看《汪精衛政治論述》匯校本上冊頁39–43。

114
革命與犧牲

千里不堪聞路哭，

一鳴豈為令人驚。

●

1910年，汪精衛謀刺滿清攝政王事敗後被囚北京司法部監獄，所居獄室正對著明朝諫臣楊繼盛於獄中所植榆樹，因而作詩〈詠楊椒山先生手所植榆樹〉，全詩請參看《汪精衛詩詞彙編》上冊頁12，手稿見下冊頁12–13。

115
哲理與文化

為什麼沒有誠意的努力呢？也是因為存了一種驕傲的心理，以為我有我們的法子。我們的法子，用了四千多年，到現在還有四萬萬人口之眾，我們何必怕？又何必愁？所以每到危急存亡的時候，仍然抱着聽天由命的觀念，懶惰不堪、闒冗無恥。

•

面對日本的侵略，1934年7月24日汪精衛在外交部總理紀念週發表演講〈破落戶與暴發戶〉，剖析造成中國衰落的心理原因，全文請參看《汪精衛政治論述》匯校本中冊頁334–337。

116
自然與風光

流水高山同一曲，

天風惠我伯牙琴。

·

汪精衛於1912年秋天作〈太平山聽瀑布〉其二，其時汪氏與陳璧君一同到南洋檳榔嶼省親，全詩請參看《汪精衛詩詞彙編》上冊頁23，手稿見下冊頁40。

117
革命與犧牲

我只會死，絕不會失卻自由。不但此也，我時時刻刻準備着，以我的生命，換取同胞的生命；以我的自由，換取同胞的自由。

•

1939年8月9日，汪精衛在廣州發表廣播〈怎樣實現和平〉，冀先從廣東做到部分停戰，再使全國和平完全恢復，文中又解答有關其到淪陷區後或會失去自由之疑問。全文請參看《汪精衛政治論述》匯校本下冊頁465–469。

118
戰爭與和平

哼！諸君注意，不但講和平的，共產黨叫做漢奸；就是講蘇聯參戰的，共產黨也要叫做漢奸呢！因為共產黨所謂漢奸，是就蘇聯立場說，不是就中國立場說。

．

1939年7月22日，汪精衛發表〈兩種懷疑心理之解釋〉，就民間以為「抗戰最後勝利」比「和平」好，以及日本是否有誠意議和之疑問作解釋。全文請參看《汪精衛政治論述》匯校本下冊頁461–464。

119
自然與風光

浪花無蒂自天垂，

石氣清寒蘚不滋。

●

汪精衛1920年遊廬山時作詩〈廬山瀑布以十數飛流淳淵各有其勝余輩攀躋所至輒解衣游泳其間至足樂也〉，乃〈廬山雜詩〉其九，全詩請參看《汪精衛詩詞彙編》上冊頁42，手稿見下冊頁92–93。

120
自然與風光

澄心寄丘壑，遠目隘幽燕。

●

汪精衛1924年於北京西山時作詩〈登金山憩金仙庵〉，乃〈西山紀游詩〉其二，其時孫中山準備赴北京與段祺瑞共商國是，汪氏於是先行到北京部署，全詩請參看《汪精衛詩詞彙編》上冊頁52，手稿見下冊頁117–118。

121
國家與民族

武裝同志和民眾團體，是應該一樣的合作。民眾團體之中，農工商學各界，也是應該一樣的合作。必如此，纔能共赴國難。

•

1932年1月28日，駐上海的日本海軍發動事變。2月15日汪精衛在徐州發表演講〈一面抵抗一面交涉〉，說明中國解決糾紛的最低限度是不失國土和主權，過此則決不讓步。全文請參看《汪精衛政治論述》匯校本中冊頁314–318。

122
國家與民族

現在世界上，無論那一個國家都會有國難的，因為現在的世界，還不是講公理的世界，還是講權力的世界。故此不獨弱國會有國難，就是強國也會有國難的。

●

1932年1月28日，駐上海的日本海軍發動事變。2月15日汪精衛在徐州發表演講〈一面抵抗一面交涉〉，說明中國解決糾紛的最低限度是不失國土和主權，過此則決不讓步。全文請參看《汪精衛政治論述》匯校本中冊頁314–318。

123
革命與犧牲

天下之疾苦顛連而無告者，其數無窮，
則吾躬之憂患，亦與為無窮。

●

1910年2月1日，汪精衛以「守約」為筆名，於《民報》發表〈革命之決心〉，他於行刺攝政王前，把這篇文章與〈革命之趨勢〉、〈告別同志書〉一起縫入衣服內，文章述及革命之因由，道出其一生所抱宗旨，全文請參看《汪精衛政治論述》匯校本上冊頁73–77。

124
自然與風光

樹影滿庭人不語，

秋聲只在碧空中。

·

汪精衛作詩〈秋夜即事〉，全詩請參看《汪精衛詩
詞彙編》上冊頁139。

125
自然與風光

平生不作飄茵計，

但把殘英守故柯。

●

汪精衛作詩〈菊〉，全詩請參看《汪精衛詩詞彙編》上冊頁97，手稿見下冊頁208–210、335。

126
戰爭與和平

和呢，是會吃虧的，就老實的承認吃虧，並且求於吃虧之後，有所以抵償；戰呢，是會打敗仗的，就老實的承認打敗仗。敗了再打、打了再敗，敗個不已、打個不已，終於打出一個由亡而存的局面來。這種做法，無他妙巧，只是說老實話而已。

●

1937年7月7日蘆溝橋事變，中國全面抗日，8月4日汪精衛在中央廣播電台發表〈大家要說老實話大家要負責任〉，主張實話實說，努力去做，不唱高調、不作奢想，全文請參看《汪精衛政治論述》匯校本中冊頁386–390。

127
堅貞與愛情

共命人間世，不辭憂患重。

●

1935年11月1日，汪精衛於第六次中央委員全體會議開幕典禮上遇襲，身中三槍，1936年1月於上海療養期間，作〈二十五年一月病少間展雙照樓圖因作此詩以示冰如〉，全詩請參看《汪精衛詩詞彙編》上冊頁107，手稿見下冊頁261–262。

128
自然與風光

人生何苦催頭白，知也無涯，憂也無涯，且趁新晴看落霞。

●

汪精衛1923年作詞〈采桑子〉，全詞請參看《汪精衛詩詞彙編》上冊頁75，手稿見下冊頁187。

129
自然與風光

一角茅檐對遠山，

此心清似長天色。

•

汪精衛1920年作〈遊莫干山〉，全詩請參看《汪精
衛詩詞彙編》上冊頁39，手稿見下冊頁86–87。

130
哲理與文化

對於中國固有的文化，是要不忘本；對於世界的新文化，是要迎頭趕上。總理決不鄙視中國固有的文化，但也決不是復古。因為復古是祇看見自己、不看見別人的，是沒有比較的。而總理對於中國固有的文化，都是將世界文化比較起來，定其優劣、知所取捨的。

●

面對日本侵略，汪精衛於1934年10月10日國慶日上發表〈充實與犧牲〉，並從三民主義中，述挽救國難之方法，全文請參看《汪精衛政治論述》匯校本中冊頁338–341。

131
革命與犧牲

本黨所不要的，是矯揉造作出來的假民眾。花四角錢僱一個人手持一面小紅旗，口裏大喊，這樣的老把戲，實在看慣了、也看厭了，本黨決不要這樣假民眾。本黨所要的，是一般為民眾而革命的人。

●

1927年7月15日汪精衛向中央黨部正式提出分共後，寧漢同志相互通電重新謀求合作，10月16日，汪精衛在武漢政治分會發表演說〈與南京代表團商榷恢復中央黨部之經過〉，報告最近與漢口中央各委員及武漢政治分會諸同志就黨務的討論以及黨改組以後的精神。全文請參看《汪精衛政治論述》匯校本上冊頁187–193。

132
戰爭與和平

抗戰期間，對於民力之使用，必須採取極有效而又極經濟的辦法。應當使用的時候，盡可能的使用，不可有一毫姑息；同時盡可能的愛惜，不可有一毫浪擲。

•

1937年7月7日蘆溝橋事變，中國全面抗日，1938年1月12日，汪精衛發表〈如何使用民力〉，論及當時最為人稱道的焦土戰和游擊戰。全文請參看《汪精衛政治論述》匯校本中冊頁392–395。

133
戰爭與和平

所謂忍辱負重的說話，我們不知說過多少次了。只要看看日本在東北要怎麼樣就怎麼樣，美其名曰忍辱負重，其實只見忍辱、不見負重，無非是造了順民、造了投降賊。所以第一種的說話是不對的，我們必須拿出力量來，纔能說忍辱負重。

●

汪精衛針對與日本說軟話者言，出自1932年2月15日的〈一面抵抗一面交涉〉，其時剛發生一二八事變不久，汪氏宣佈就任行政院長職，主張採用「一面抵抗一面交涉」的外交政策，全文請參看《汪精衛政治論述》匯校本中冊頁314–318。

134
哲理與文化

覓新詩似驢旋磨，

溫舊書如牛反芻。

●

汪精衛1926年作〈病起郊行〉，其時發生「中山艦事變」，加上汪氏患嚴重糖尿病，遂辭去廣州國民政府主席、政治委員會主席、軍事委員會主席等職務，於鄉間靜養，全詩請參看《汪精衛詩詞彙編》上冊頁59，手稿見下冊頁136。

135
革命與犧牲

余愛護孫先生所手創之中華民國，不忍滅亡於無識者之手中，故毅然排萬難、冒萬險以主張之。但求條件非亡國之條件，使中國得以蘇息、得以復興，則余將堅持到底，雖犧牲生命亦所不惜。故今後絕不因被人加害而放棄其主張，亦決不因造謠中傷而動搖其見地。

●

1939年4月9日，汪精衛發表〈重要聲明〉，駁斥與日本首相締結五項條款的謠傳毫無根據，申明一切行動，當根據〈艷電〉而貫徹和平主張。全文請參看《汪精衛政治論述》匯校本下冊頁453–454。

136
革命與犧牲

革命黨者，民黨也。同為平民，其地位同、感覺同、心事同、身受之疾苦同。惟於平民之中，合肯負責任之人以為一團體，遂從而名之曰黨云爾。

●

汪精衛1910年2月1日發表〈論革命之趨勢〉，後來其行刺攝政王不遂被捕時，警方在他身上搜得這篇文章。文中汪氏舉例說明清朝所謂立憲對人民自由的箝制，全文見《汪精衛政治論述》匯校本上冊頁51–72。

137
戰爭與和平

如果除了抗戰還有「和」的一條路，那麼，只要和的條件不是亡國條件，我們就應該拿出抗戰的決心與勇氣來講和。不要使抗戰以來已經出了的力量，白白的蹧蹋；不要使可以得到的結果，白白的送掉。

·

•

1939年3月30日，汪精衛發表〈覆華僑某君書〉，解答某君對與日言和之疑問，全文請參看《汪精衛政治論述》匯校本下冊頁447–452。

138
戰爭與和平

如果和平沒有希望，同歸於盡，無可說的。如果和平有了希望，而且和平的條件無害於國家之獨立自由，為什麼一定要把民眾趕上了死絕的路上去？

•

1939年8月9日，汪精衛在廣州發表廣播〈怎樣實現和平〉，冀先從廣東做到部分停戰，再使全國和平完全恢復。全文請參看《汪精衛政治論述》匯校本下冊頁465–469。

139
革命與犧牲

春來春去有定時，

花落花開無盡期。

人生代謝亦如此，

殺身成仁何所辭。

●

汪精衛借落花以述成仁之志，出自〈飛花〉，全詩
請參看《汪精衛詩詞彙編》上冊頁85，手稿見下冊
頁333。

140
國家與民族

「不量力」是一件最可怕的事，我們最
應該時時刻刻提心吊膽，不可忘卻「量
力」兩個字，方纔能夠立國於東亞、立
國於世界。

•

1940年汪精衛為與日本實現和平，成立國民政府，
還都南京。1941年元旦，發表廣播〈和平運動之前
途〉，全文請參看《汪精衛政治論述》匯校本下冊
頁512–518。

141
戰爭與和平

我們並不是不和不戰，實是可和可戰。在最低限度之上，可以忍受，就可以和；在最低限度之下，不能忍受、毅然拒絕，就祇得出於一戰。

●

1932年4月10日，汪精衛於洛陽國難會議中發表報告〈對軍事外交的方針和決心〉，同日會議通過共同禦侮案，決議政府必以武力或外交方法抵抗破壞中國政治土地或行政完整之任何國家，決不簽定與上述原則相反之任何協定，全文請參看《汪精衛政治論述》匯校本中冊頁319–324。

142
戰爭與和平

和平運動，乃中日兩國百年大計。應從共存共榮之見地，深植其基礎，並非求一時之寧息也。

●

1940年1月汪精衛赴青島召開會議決定中央政府樹立大綱、政綱及政策。22日於青島接見中外記者，談和平運動之見解，出自〈在青島會談各次談話〉，全文請參看《汪精衛政治論述》匯校本下冊頁521–525。

143
政治與民眾

一般民眾所懼怕的是經濟衰落，而共產黨所蘄求的正是經濟衰落；一般民眾所憂慮的是社會恐怖，而共產黨所蘄求的正是社會恐怖。他要將一般民眾因階級鬥爭而死亡的屍骸，做他跳上政治舞台的墊腳，此是共產黨與本黨極端矛盾的所在，也是本黨驅共的最大理由。

●

1927年7月15日汪精衛向中央黨部正式提出分共後，寧漢同志相互通電重新謀求合作，10月16日，汪精衛在武漢政治分會發表演說〈與南京代表團商榷恢復中央黨部之經過〉，全文請參看《汪精衛政治論述》匯校本上冊頁187–193。

144
堅貞與愛情

年年地北與天南，

憂患人間已熟諳。

未敢相逢期一笑，

且將共苦當同甘。

•

汪精衛1941年所作之〈八月二日乘飛機至廣州留七日別去飛機中作三絕句寄冰如〉其三，載《汪精衛詩詞彙編》上冊頁124。

145
戰爭與和平

宋亡、明亡，衹是亡於軍事，不是亡於
經濟、文化。如今非宋、明時代可比，
不亡則已，一亡則經濟、文化亦隨以俱
亡。那麼不但恢復無期，而且所患者不
只亡國，而且滅種了！

●

1940年6月15日，汪精衛發表〈蔣介石的磁鐵戰〉，
指出其獻身和平運動之理由，並說明焦土戰與游擊
戰對中國的影響。全文請參看《汪精衛政治論述》
匯校本下冊頁553–556。

146
自然與風光

為問閒愁何處去，

西風吹雨已如煙。

●

汪精衛於1914年在法國留學時作詩〈坐雨〉，全詩
請參看《汪精衛詩詞彙編》上冊頁26–27，手稿見
下冊頁51。

147
戰爭與和平

和平運動，乃是從一種主義、一種信仰出發。確有見於中日兩國，戰爭則兩敗俱傷、和平則共存共榮。故不避艱難、不恤犧牲以赴之，並非出於權謀術數之觀念也。

●

1940年1月汪精衛赴青島召開會議決定中央政府樹立大綱、政綱及政策。22日於青島接見中外記者，談和平運動之見解，出自〈在青島會談各次談話〉，全文請參看《汪精衛政治論述》匯校本下冊頁521–525。

148
哲理與文化

夫富貴貧賤，可以移人之情者也。威武雖不能移人之情而以力服人，能使人不得不從者也。至於名譽，其得之樂有甚於富貴，失之之苦有甚於貧賤，而其具有能左右人心志之力，則又過於威武。前三者為常人所不能免，後者則雖高材之士亦或不能免。

•

出自1910年2月1日汪精衛以「守約」為筆名，於《民報》發表的〈革命之決心〉，他於行刺攝政王前，把這篇文章與〈革命之趨勢〉、〈告別同志書〉一起縫入衣服內，文章述及革命之因由，道出其一生所抱宗旨，全文請參看《汪精衛政治論述》匯校本上冊頁73–77。

149
革命與犧牲

若夫威武能屈天下之懦者而不能屈天下之仁者，蓋仁者必有勇，於情所不能忍者必不恝然也。欲行其心之所安，雖萬死而不辭。是故至激烈之手段，惟至和平之心事者能為之。至剛毅之節操，惟至寬裕之度量者能有之。

•

1910年2月1日，汪精衛以「守約」為筆名，於《民報》發表〈革命之決心〉，他於行刺攝政王前，把這篇文章與〈革命之趨勢〉、〈告別同志書〉一起縫入衣服內，文章述及革命之因由，道出其一生所抱宗旨，全文請參看《汪精衛政治論述》匯校本上冊頁73–77。

150
自然與風光

長空熒熒三足烏，

直以碧落為紅鑪。

收雲入甑炊作雨，

十里山水生糢糊。

·

汪精衛1926年作詩〈熱甚既而得雨夜坐東軒作〉，
其時發生「中山艦事變」，加上汪氏患嚴重糖尿病，
遂辭去廣州國民政府主席、政治委員會主席、軍事委
員會主席等職務，於鄉間靜養，全詩請參看《汪精衛
詩詞彙編》上冊頁61，手稿見下冊頁141–142。

151
自然與風光

十年樹木非虛願，

好為秋光一破顏。

●

汪精衛1932年夏復至廬山時作詩〈十餘年前曾遊廬
山樂其風景而頗以林木鮮少為憾所為詩有樓台已重
名山價料得家藏種樹書之句今歲復來蘆林一帶樹木
蒼然因復為長句以紀之〉，乃〈廬山雜詩〉其七，
全詩請參看《汪精衛詩詞彙編》上冊頁100，手稿見
下冊頁226–230。

152
革命與犧牲

讀碑墮淚人間事，

新鬼為隣影未孤。

·

1920年汪精衛協助孫中山組織廣東軍政府，1921年
任廣東省教育會會長，5月6日出席廣東黃花崗七十
二烈士殉國紀念，並作〈十年三月二十九日黃花岡
七十二烈士墓下作〉，全詩請參看《汪精衛詩詞彙
編》上冊頁46，手稿見下冊頁100。

153
戰爭與和平

但是我們固然愛好和平，而和平之存在不取決於愛好和平之志願，而取決於維持和平之力量。沒有維持和平之力量而言愛好和平，這不是愛好和平，而是輕蔑和平。

•

1937年7月7日蘆溝橋事變，中國全面抗日，8月4日汪精衛在中央廣播電台發表〈大家要說老實話大家要負責任〉，主張實話實說，努力去做，不唱高調、不作奢想，全文請參看《汪精衛政治論述》匯校本中冊頁386–390。

154
自然與風光

楓林不是湘妃竹，

誰染嗁痕點點斑？

•

汪精衛於1914年秋間作〈三賦紅葉〉，其時汪氏居法國，7月歐戰爆發，遂避居閭鄉Nantes，全詩請參看《汪精衛詩詞彙編》上冊頁26，手稿見下冊頁50。

155
革命與犧牲

所謂犧牲，決不是以少量為已足的，必須要求多量；決不是以零零碎碎為已足的，必須要求整個的、有系統的。因為必須這樣，犧牲纔有效力、有價值。

●

面對日本侵略，汪精衛於1934年10月10日國慶日上發表〈充實與犧牲〉，考量到實力不及對方，主張一定要忍辱負重，以臥薪嘗膽的精神來充實國力，全文請參看《汪精衛政治論述》匯校本中冊頁338–341。

156
堅貞與愛情

雙照樓頭月色新，

清輝如慶比肩人。

梅花雪點溫詩句，

疏影橫斜又滿身。

●

汪精衛作〈十二月二十八日雙照樓即事〉，汪氏女婿何孟恆認為可與〈西伯利亞道中寄冰如〉比讀，兩詩分別載《汪精衛詩詞彙編》上冊頁30、31，本詩手稿見下冊頁65、330。

157
革命與犧牲

中國以前的革命歷史，表面上看似英雄之爭鬥，實際上全是因為大多數勞苦民眾沒有生路、迫而出此，不過結果為英雄所竊得便了。

●

第三次全國代表大會召開以後，一切權力操於蔣介石個人手上，黨名實俱亡。1929年3月12日，汪精衛於孫中山第四年逝世日發表〈本黨總理孫先生逝世日感言〉，認為現時總理改組的目的和精神已被毀滅，國民革命受到摧殘而夭折。同志須認準方向，努力自惡勢力中殺出重圍。全文請參看《汪精衛政治論述》匯校本中冊頁259–264。

158
革命與犧牲

春陽明日至，

不改歲寒心。

•

汪精衛1910年謀刺滿清攝政王事敗後於獄中作〈除夕〉其一，其時汪氏因謀刺滿清攝政王事敗一事被判終身監禁，全詩請參看《汪精衛詩詞彙編》上冊頁15–16，手稿見下冊頁24。

159
革命與犧牲

無論如何之暴君，祇能摧殘民命於一時，而一時之摧殘適為後日反動之果。其潛勢力蓄之愈久，則當其爆發也愈磅礴而不可遏。雖有時為政府之暴力所抑，表面上若歸於沈寂，而潛勢力之蔓延如故也。

•

汪精衛1910年2月1日發表〈論革命之趨勢〉，後來其行刺攝政王不遂被捕時，警方在他身上搜得這篇文章。文中汪氏舉例說明清朝所謂立憲對人民自由的箝制，全文見《汪精衛政治論述》匯校本上冊頁51–72。

160
革命與犧牲

四萬萬人心盡赤，

定教開作自由花。

●

汪精衛於1938年作〈南嶽道中杜鵑花盛開為作一絕句〉，全詩請參看《汪精衛詩詞彙編》上冊頁118。同年12月29日，汪精衛發表〈艷電〉，主張以日本首相近衛文麿於22日所發之第三次對華聲明為基礎，與日交涉和平。

161
自然與風光

孤高更皎潔，

抗節比君子。

·

汪精衛1924年於北京西山作詩〈白松〉，乃〈西山
紀游詩〉其六，其時孫中山準備赴北京與段祺瑞共
商國是，汪氏於是先行到北京部署，全詩請參看
《汪精衛詩詞彙編》上冊頁54，手稿見下冊頁
121–122。

162
政治與民眾

夫虜之汲汲於收民望者，欲得民心也。不知欲得民心，必先去民生之疾苦而後可。欲去民生之疾苦，又必先去其暴虐而後可。

●

汪精衛言滿清欲以立憲收民望之舉，實為無用之功，出自汪氏1910年2月1日發表的〈論革命之趨勢〉，見《汪精衛政治論述》匯校本上冊頁51–72。汪氏1910年行刺攝政王不遂被捕時，警方在他身上搜得這篇文章。文中汪氏舉例說明清朝所謂立憲對人民自由的箝制。

163
堅貞與愛情

鐙前兒女依依甚，

笑頰微渦恰似君。

•

汪精衛1918年所作的〈冰如薄游北京書此寄之〉其
二，冰如即指汪氏妻子陳璧君，其時汪精衛正協助
孫中山辦理有關護法軍政府之事宜，全詩請參看
《汪精衛詩詞彙編》上冊頁31–32，手稿見下冊頁
67–68。

164
革命與犧牲

我的革命決心，固然始終沒有改變，而我對人對事的態度，卻不免時有改變。但所以改變的理由我無不講出來，至於理由的對不對，則我願接受現在和後人的評論。

•

1933年12月7日，汪精衛應《東方雜誌》之邀約，寫下〈自述〉一文，概括了出身與早期的經歷。全文請參看《汪精衛生平與理念》頁518–519。

165
國家與民族

大抵一個強國對於一個弱國，用兵之始，必欲以雷霆萬鈞之力，糜碎之於一擊之下。當此之際，這一個弱國惟有硬着頭皮，盡力掙扎。掙扎愈久，生存之希望愈多，舍此實無生路。

•

1937年7月7日蘆溝橋事變，中國全面抗日，8月4日汪精衛在中央廣播電台發表〈大家要說老實話大家要負責任〉，主張實話實說，努力去做，不唱高調、不作奢想，全文請參看《汪精衛政治論述》匯校本中冊頁386-390。

166
革命與犧牲

這些文章從前用墨寫成，今則想以血寫之。

●

1910年，汪精衛行刺攝政王失敗後，警方在他身上搜得文章〈革命之趨勢〉、〈革命之決心〉和〈告別同志書〉，當即問他為何帶在身邊，汪氏以此解釋。詳細請參閱《汪精衛生平與理念》「自傳草稿」頁218。

167
哲理與文化

人類所以能為萬物之靈者，以其有意識也。有意識，則知取舍、知去就、知利用自然，而不為自然所束縛馳驟。人類之文明史，直人類利用自然與抵抗自然之歷史而已。

•

1919年4月，汪精衛以個人名義列席巴黎和會，並因和會偏袒日本而極力主張中國拒絕簽字《凡爾賽和約》，會議結束後，汪氏於1920年2月1日出版《巴黎和議後之世界與中國》，引文即出自該書緒論，全文請參看《汪精衛政治論述》匯校本上冊頁102–113。

168
革命與犧牲

至兄縱如何傷心切齒，而救國步驟，必不敢因之而亂，請妹放心。

●

1939年3月21日，河內暗殺事件發生，曾仲鳴被誤殺，其夫人方君璧受重傷，留醫河內法國軍醫院。3月25日，汪精衛致函方君璧問候。全信見《汪精衛生平與理念》頁413。

169
哲理與文化

以今日中國專制雖去，而大多數人民之思想猶未進步。為吾同胞前途計，必變其思想，始可謂為根本之解決。且破壞之用，在蕩滌瑕穢；而蕩滌之後，不可無以莊嚴而璀璨之。

•

1912年中華民國成立，汪精衛致函南洋同志，述其留學歐洲之意願，冀自力於學，及人民思想之改良，全文請參看《汪精衛政治論述》匯校本上冊頁98–101。

170
革命與犧牲

薪之為用，炬火熊熊，傾刻而燼。顧體質雖而熱力漲發，飯以是熟，此烈之德也。猶革命黨人之猛向前進，一往不返，流血溉同種者也。

●

汪精衛以做飯過程時，鑊與薪不同功用來比喻革命黨人恆與烈之特性。出自1909年12月27日〈再與漢民書〉，寫於汪氏行刺攝政王前，並請胡氏在他犧牲後，刊登至《中興報》上，作為他之絕筆。全文請參看《汪精衛政治論述》匯校本上冊頁44–45。

171
政治與民眾

地方政治，最重要者莫過於保與養。保即地方治安之確立，養即人民生活之安定。

•

1940年汪精衛為實現和平，成立國民政府，還都南京。1941年3月23日，朝日新聞社記者問及關於地方政治之振興和組織之具體方案，汪精衛以此回答，詳細請參看〈國府還都週年紀念對朝日新聞社記者談話〉，全文見《汪精衛政治論述》匯校本下冊頁594–599。

172
革命與犧牲

吾不忍舍吾親，而父母不相見、兄弟妻子離散者，盈天下皆是也。吾其能一一使之不舍其親乎？吾於家庭之際，至難言也。然而天下之人，其遭際之難同於我或什百千萬於我者，則又何限？吾其能以自私乎？思此而愛親之心拼而合於愛同胞之心，而死志決矣。

•

1910年2月1日，汪精衛以「守約」為筆名，於《民報》發表〈革命之決心〉，他於行刺攝政王前，把這篇文章與〈革命之趨勢〉、〈告別同志書〉一起縫入衣服內，文章述及革命之因由，道出其一生所抱宗旨，全文請參看《汪精衛政治論述》匯校本上冊頁73–77。

173
自然與風光

雲來忽使山都活，月上還於水最親。

乞得林間一席地，鴉喧不礙苦吟人。

•

1932年汪精衛任行政院長職，9月16日因患糖尿病、肝硬化症等赴杭州莫干山休養，期間作詩〈晚眺〉，全詩請參看《汪精衛詩詞彙編》上冊頁92。

174
戰爭與和平

宋亡、明亡的時候，還知道一個「戰」字、一個「守」字，不幸而戰敗守不住，無可如何而已。如今則換了兩個字，一個是「丟」、一個是「燒」。「轉移陣地」等等字樣是「丟」的文章詞藻，至於「燒」的文章詞藻卻更多了。

●

1939年3月30日，汪精衛發表〈覆華僑某君書〉，解答某君對與日言和之疑問，全文請參看《汪精衛政治論述》匯校本下冊頁447–452。

175
戰爭與和平

今戰爭將已兩年，雙方皆知中國之最後勝利不可期，而日本欲達其吞併目的亦不可得。兩方皆知之、且洞知之，而猶以兩國之人民為犧牲。匪特不智，抑且大悖人道。長此相持，東亞之文明可以全燬，而中日兩國人民將必相與枕籍，而兩國皆淪胥。

•

1939年4月9日，汪精衛發表〈重要聲明〉，駁斥與日本首相締結五項條款的謠傳毫無根據，申明一切行動，當根據〈艷電〉而貫徹和平主張。全文請參看《汪精衛政治論述》匯校本下冊頁453–454。

176
哲理與文化

惡木必無嘉蔭，濁源必無清流。

●

汪精衛1910年2月1日發表〈論革命之趨勢〉，後來其行刺攝政王不遂被捕時，警方在他身上搜得這篇文章。文中汪氏舉例說明清朝所謂立憲對人民自由的箝制，全文見《汪精衛政治論述》匯校本上冊頁51–72。

177
革命與犧牲

士為天下生，亦為天下死。

●

汪精衛1911年於獄中作〈感懷〉詩，其時汪氏因謀刺
滿清攝政王事敗一事被判終身監禁，全詩請參看
《汪精衛詩詞彙編》上冊頁19，手稿見下冊頁33。

178
國家與民族

縱然不能做到一個近代國家和一個近代國家的戰爭,至少也可做到一個民族要求生存的戰爭、一個民族和帝國主義的戰爭。

·

1932年4月10日,汪精衛於洛陽國難會議中發表報告〈對軍事外交的方針和決心〉,謂政府決不屈服於暴力而簽喪權辱國之條約,如能在最低限度以上解決,即可和,否則即可戰,全文請參看《汪精衛政治論述》匯校本中冊頁319–324。

179
革命與犧牲

各位同胞，你們不是淪陷了的地方的民眾啊！你們從前曾經盡了前方、後方的責任，忍受了許多的痛苦、有許多的犧牲。及至蔣介石將你們丟了之後，還要加你們以種種惡名，恨你們死不盡、燒不光；加你們以種種惡名，好將你們繼續的燒、繼續的送往死路。蔣介石不是以日本為敵，是以中華民國為敵、是以中華民國的民眾為敵！

•

1939年8月9日，汪精衛在廣州發表廣播〈怎樣實現和平〉，冀先從廣東做到部分停戰，再使全國和平完全恢復，全文請參看《汪精衛政治論述》匯校本下冊頁465–469。

180
國家與民族

強國既以威力及詐術向弱國取得權利，
還要以公法來做所取得的權利之保障，
這不是狼和羊講理一樣，只有狼的理、
沒有羊的理麼？

●

汪精衛認為當時的國際公法是保障強國對於弱國之
權利的一種工具，出自1926年4月所寫的〈國際問題
草案〉，其時汪氏受國民會議促成會聘任為國際問
題委員會顧問，並被公推起草相關議題決案，文章
即以廢除中國在國際所受不平等條約為主旨，全文
請參看《汪精衛政治論述》匯校本上冊頁115–172。

181
戰爭與和平

維持和平的責任，決不能屬之那些偷安苟活、得過且過的人們，而當屬之那些時時刻刻提心吊膽、摩拳擦掌去預備戰爭的人們。換句話說，越是預備戰爭，和平越不易決裂。必須大家知道戰爭之不易、戰勝之沒有絕對把握，方纔肯向着維持和平那條路走。

•

1936年2月19日，汪精衛前往德國治療遭遇暗殺後遺留下來的鎗傷，12月得知西安事變發生後決定回國。1937年2月1日，汪精衛在國民政府紀念週發表演說〈安內與攘外〉，謂攘外能否有效，要看安內的工作如何而定，全文請參看《汪精衛政治論述》匯校本中冊頁380–383。

182
堅貞與愛情

步上小樓餘惘惘，

春風鬢影在天涯。

●

汪精衛作詩〈還家〉，其時汪氏正任廣東省教育會
會長，全詩請參看《汪精衛詩詞彙編》上冊頁49，
手稿見下冊頁108。

183
政治與民眾

在十七年間，我們看見隨便某一個地方長官，都可以隨便向某一個帝國主義，做出種種獻媚的勾當。反對帝國主義的口號，已經被什麼「親善」等等字眼代替去了。

•

第三次全國代表大會召開以後，一切權力操於蔣介石個人手上，黨名實俱亡。1929年3月12日，汪精衛於孫中山第四年逝世日發表〈本黨總理孫先生逝世日感言〉，認為現時總理改組的目的和精神已被毀滅，國民革命受到摧殘而夭折。同志須認準方向，努力自惡勢力中殺出重圍。全文請參看《汪精衛政治論述》匯校本中冊頁259–264。

184
國家與民族

夫國民所恃以為國者有二，一曰歷史、二曰愛情。因歷史而生愛情，復以愛情而造歷史。蓋國民固有歷史之遺傳性，然必其所際遇與古人同，然後樂於因循。

•

出自汪氏1906年1月22日發表的〈民族的國民〉其二。1905年汪氏加入同盟會，出任評議部評議長，同時為機關報《民報》主要撰稿人。11月26日首次以「精衛」署名發表〈民族的國民〉，宣揚自由平等，激勵民族意識和揭露滿清的專制。全文請參看《汪精衛政治論述》匯校本上冊頁24–38。

185
革命與犧牲

對於共產黨對於蔣介石，我曾經改變態度。這是因為對於人之態度是要以主義為衡尺的，合於主義，我便引以為友，反於主義，我便引以為敵。不但我對人如此，我希望人之對我亦如此。我如有違反主義的時候，我唯一要求便是同志將我打倒。

•

出自汪精衛於1930年8月出版的《汪精衛先生最近言論集》自序，部份摘錄可見《何孟恆雲煙散憶》頁245。其時汪氏已派代表郭泰祺參與中國國民黨中央黨部擴大會議，並為首發表聯名宣言，直指蔣介石背叛黨義，篡竊政權。

186
革命與犧牲

欲去革命黨，不可不先去革命之主義。欲去革命之主義，不可不先去平民身受之疾苦。使平民疾苦日深一日，則革命之主義日熾一日，而革命黨之實力亦日盛一日。

●

汪精衛1910年2月1日發表〈論革命之趨勢〉，後來其行刺攝政王不遂被捕時，警方在他身上搜得這篇文章。文中汪氏舉例說明清朝所謂立憲對人民自由的箝制，全文見《汪精衛政治論述》匯校本上冊頁51–72。

187
戰爭與和平

宣戰、講和，是國家的大權。國家以保衛其生存獨立為目的，戰而可達此目的則戰，和而可達此目的則和。今人一言主戰，即便附和，雖戰敗而不認敗；一聞議和，即便搖頭，縱可和亦不和。實在無從索解。

•

1938年12月29日，汪精衛發表〈艷電〉，主張以日本首相近衛文麿於22日所發之第三次對華聲明為基礎，與日交涉和平，1939年1月30日又於香港《南華日報》發表〈答問〉，解釋其主張議和的原因。全文請參看《汪精衛政治論述》匯校本下冊頁427–428。

188
自然與風光

海作衣裾山作帶，

飄然我欲去乘風。

•

1935年，汪精衛膽囊膽管發炎，請辭行政院院長兼
外交部部長職務，後經中央常務委員會給假挽留，
汪氏遂移居青島休養，期間作〈斐然亭晚眺〉，全
詩請參看《汪精衛詩詞彙編》上冊頁103，手稿見下
冊頁247。

<u>189</u>
堅貞與愛情

眼底心頭如昨日，

訴心期夜夜常攜手。

一腔血，為君剖。

・

汪精衛1910年謀刺滿清攝政王事敗後於獄中所作的
〈金縷曲〉，其時陳璧君在外多次設法營救，全詞
請參看《汪精衛詩詞彙編》上冊頁70–71，手稿見下
冊頁171–173。

190
政治與民眾

只有民主政體外，無別方法。

•

汪精衛1910年行刺攝政王被捕，在送交法部監獄前，民政部尚書肅親王善耆特請汪氏到他辦公室，問：「有何方法可使革命黨人不與滿洲為難？」汪氏以此回答，又問此去與死相去不遠，有何要求？汪氏給他同樣答案。獄中經過請參看《汪精衛生平與理念》頁220-222及《汪精衛南社詩話》第二十三則。

191
戰爭與和平

我所說「中日戰下去，日本不免於傷，中國則只有死而已」是不是危言聳聽呢？以上的話，不但從前沒人說過，我自己亦沒有說過。因為實在不忍說，但是現在卻不忍不說。譬如父母將死，卻有一班殺人不眨眼的醫生在旁邊信口胡說，什麼金木水火土，你不由得不著急，不忍說的話也說出來。

•

1940年6月15日，汪精衛發表〈蔣介石的磁鐵戰〉，指出其獻身和平運動之理由，並說明焦土戰與游擊戰對中國的影響。全文請參看《汪精衛政治論述》匯校本下冊頁553–556。

192
堅貞與愛情

野藿同甘，山泉分汲，

蘘袂平生願。

•

1911年11月6日，汪精衛自司法部監獄出獄，1912年
與陳璧君泛舟長江上，作〈念奴嬌〉（飄颻一
葉），下闋寫出其平生願，全詞請參看《汪精衛詩
詞彙編》上冊頁71，手稿見下冊頁174。

193
哲理與文化

士之大患，在於見利害太明，好議論人長短，而不務實踐，此小人無忌憚之資也。

·

1923年汪精衛於上海做政治宣傳工作，同年應邀為南社詩人胡樸安編的《南社叢選》撰序，全文請參看《汪精衛南社詩話》頁136。

194
自然與風光

清絕玉簫聲裏月，

萬山如睡一松醒。

●

1935年，汪精衛膽囊膽管發炎，請辭行政院院長兼
外交部部長職務，後經中央常務委員會給假挽留，
汪氏遂移居青島休養，期間作〈太平角夜坐〉，全
詩請參看《汪精衛詩詞彙編》上冊頁103，手稿見下
冊頁246。

195
自然與風光

山為飛且鳴，水為歌且舞。

始知天地間，落落無窘步。

嗟哉沉憂人，一笑豁眉宇。

·

1935年11月1日，汪精衛於第六次中央委員全體會議開幕典禮上遇襲，身中三槍，1936年2月19日前往德國治療，期間作〈廓羅蒙柏道中〉，全詩請參看《汪精衛詩詞彙編》上冊頁111，手稿見下冊頁339。

196
政治與民眾

說起來真傷心，中國號為以農立國、號為人口百分之八十五以上是農民，但是農民所過的生活是人的生活麼？不用說別的，衣不蔽體的現象，鄉村間觸目皆是。自然在上海跳舞場的人們是不會看見的。

●

1940年汪精衛為實現和平，成立國民政府，還都南京。1941年元旦，發表廣播〈和平運動之前途〉，述及和平運動所需要的軍事力量與經濟力量，並指出與日本經濟提攜、平等互惠的重要性。全文請參看《汪精衛政治論述》匯校本下冊頁512–518。

197
革命與犧牲

一死心期殊未了，

此頭須向國門懸。

●

汪精衛1910年謀刺滿清攝政王事敗後，於北京司法部監獄作〈獄中雜感〉其二，其時汪氏因謀刺滿清攝政王事敗一事被判終身監禁，全詩請參看《汪精衛詩詞彙編》上冊頁10，手稿見下冊頁9–10。

198
政治與民眾

交通是人身上的脈絡，農業是人身上的血液。沒有脈絡，血液不能流通；沒有血液，當然脈絡等於廢物。

•

1934年3月12日，汪精衛在中央黨部發表〈總理逝世九週年紀念〉演講，指出中國人，尤其是國民革命的同志，都要準備追隨總理的遺訓，為和平、奮鬥、救中國而死，他又指真實的力量，都是從建設而來，其中要致力者，一為交通，一為農業。全文請參看《汪精衛政治論述》匯校本中冊頁330–333。

199
自然與風光

明月有大度，於物無不容。

●

汪精衛於1942年作詩〈壬午中秋夜作〉，全詩請參看《汪精衛詩詞彙編》上冊頁138，手稿見下冊頁305–310。

200
國家與民族

夫所謂平等，非徒權利之平等而已，尤
必先有義務之平等。未盡平等之義務，
而得平等之權利者，謂之徼倖；既盡平
等之義務，而不得平等之權利者，謂之
冤抑。

●

1919年4月，汪精衛以個人名義列席巴黎和會，並因
和會偏袒日本而極力主張中國拒絕簽字《凡爾賽和
約》，會議結束後，汪氏於1920年2月1日出版《巴黎
和議後之世界與中國》，引文即出自該書緒論，全文
請參看《汪精衛政治論述》匯校本上冊頁102–113。

201
戰爭與和平

中日兩國壤地相接，善鄰友好有其自然與必要。歷年以來，所以背道而馳，不可不深求其故，而各自明瞭其責任。今後中國固應以善鄰友好為教育方針；日本尤應令其國民放棄其侵華、侮華之傳統思想，而在教育上確立親華之方針，以奠定兩國永久和平之基礎。

•

1938年12月29日，汪精衛發表〈艷電〉，主張以日本首相近衛文麿於22日所發之第三次對華聲明為基礎，與日交涉和平，全文請參看《汪精衛政治論述》匯校本中冊頁414–416。

202
革命與犧牲

良友漸隨千劫盡，

神州重見百年沉。

淒然不作零丁歎，

檢點平生未盡心。

●

1939年5月，汪精衛赴日與日本政府切實談判建立
和平政府、實現中日合作的辦法，6月乘輪歸國，途
中作〈舟夜〉詩，全詩請參看《汪精衛詩詞彙編》
上冊頁120，手稿見下冊頁268、347。

203
哲理與文化

大不得意之事，即伏於得意之時。古今
來往之如此矣。

●

1929年，汪精衛等聯名發表通電，指責蔣介石自組
府以來即逐漸恣肆，背叛革命等，呼籲武裝同志迅
提義師，掃除叛逆。1930年汪氏居香港從旁協助倒
蔣運動，並以「曼昭」為筆名於《南華日報》連載
南社詩話，此引文即出自詩話第二十一則，全文請
參看《汪精衛南社詩話》頁71–73。

204
自然與風光

憑闌感嘅知何益，

領取川原澹蕩秋。

●

1935年11月1日，汪精衛於第六次中央委員全體會議開幕典禮上遇襲，身中三槍，1936年2月19日前往德國治療，期間作〈重過麗蒙湖〉，全詩請參看《汪精衛詩詞彙編》上冊頁113，手稿見下冊頁342。

205
堅貞與愛情

作詩道相念，

歌罷心怦怦。

•

1919年，汪精衛赴法國出席巴黎和會，於和會舉行前，到法國波爾探望方君璧家，並相約同遊比那蓮山Pyrenees，其間做多首詩作寄予陳璧君，上文摘錄自〈曉行山中書所見寄冰如〉，全詩請參看《汪精衛詩詞彙編》上冊頁36–37，手稿見下冊頁79–80。

206
自然與風光

繁星點點人間淚，

聚作銀河萬古流。

•

汪精衛1924年作〈秋夜〉其四，其時汪氏正協助改
組國民黨，同年更發生廣州商團事變，全詩請參看
《汪精衛詩詞彙編》上冊頁54，手稿見下冊頁123–
124。

207
革命與犧牲

近事雖極闇淡，兄仍確信中國有救，今日中國，與其有一文天祥，不如有一甘必大。兄隨甘必大之後，為一走卒，亦所甘心。

•

1939年4月8日，汪精衛致函方君璧交代數事，並自期為中國之甘必大。全文請參看《汪精衛生平與理念》頁425。

208
自然與風光

我更為花深禱告，

折花人少種花多。

•

汪精衛作詩〈遊春詞〉其一，全詩請參看《汪精衛
詩詞彙編》上冊頁70，手稿見下冊頁169。

209
革命與犧牲

馬革平生志，君今幸已酬，

卻憐二人血，不作一時流。

·

汪精衛1911年於獄中作〈辛亥三月二十九日廣州之役余在北京獄中聞展堂死事為詩哭之纔成三首復聞展堂未死遂輟作〉其一，展堂即胡漢民，全詩請參看《汪精衛詩詞彙編》上冊頁19，手稿見下冊頁31–32。

210
自然與風光

玉宇瓊樓原在望，

只須身入白雲中。

•

汪精衛1927年作詩〈廬山望雲得一絕句〉，其時汪
氏正於法國治病，後來聞國民黨部被共產黨把持，
便決心歸國，全詩請參看《汪精衛詩詞彙編》上冊
頁64，手稿見下冊頁149。

211
革命與犧牲

你如果將我這些年來和血和淚寫出來的
文字，都當作個人的憤憤不平，那麼，
你至少從前也白認識了我了！

•

1928年7月15日，汪精衛發表〈一個根本觀念〉，以
此回應吳稚暉在6月23日及24日在《民國日報》發
表的〈書汪先生最近言論後〉，文中重申國民黨改
組之精神，在於鞏固黨之組織，森嚴黨之紀律，使
黨員真能為主義而奮鬥，而非容共。全文請參看
《汪精衛政治論述》匯校本中冊頁245–254。

212
戰爭與和平

抗戰所恃是什麼？是人心。如果人心喚起來，一切物質都可以供抗戰之用。反之，如果人心不能喚起，即使將物質來出氣，也是枉然。

●

1938年11月13日，長沙在日軍尚未到達之前就自己放火焚燒，全城化為焦土。23日，汪精衛發表〈為什麼誤解焦土抗戰〉，全文請參看《汪精衛政治論述》匯校本中冊頁409–411。

213
哲理與文化

嗚呼！天下之最短氣事，莫過於共處一境同任一事，而時時刻刻互懷猜忌之念矣。

•

1929年，汪精衛等聯名發表通電，指責蔣介石自組府以來即逐漸恣肆，背叛革命等，呼籲武裝同志迅提義師，掃除叛逆。1930年汪氏居香港從旁協助倒蔣運動，並以「曼昭」為筆名於《南華日報》連載南社詩話，此引文即出自詩話第二十一則，全文請參看《汪精衛南社詩話》頁71–73。

214
政治與民眾

一切容認民主政治的國家，政府當局之進退，都是有一定之法式的。有了這一定之法式，自然可以不必用革命手段，而達到改造政府之目的。但是我們必須知道，這種法式並不是白紙寫上黑字，便可發生效力。

●

汪精衛解釋為何不能用投票等民主法式解決問題，出自1930年1月11日發表的〈黨治之意義〉，其時國民黨因蔣介石專權引發內戰，全文請參看《汪精衛政治論述》匯校本中冊頁271–275。

215
戰爭與和平

如在最低限度之下，明知道簽字要亡國、不簽字也要亡國，但簽字是不流血的亡國、不簽字是流血的亡國。流血的亡國，有復興的機會；不流血的亡國，永無翻身之日。到那時候，政府向國民說明，我們應不顧一切，準備犧牲了。

•

1932年4月10日，汪精衛於洛陽國難會議中發表報告〈對軍事外交的方針和決心〉，同日會議通過共同禦侮案，決議政府必以武力或外交方法抵抗破壞中國政治土地或行政完整之任何國家，決不簽定與上述原則相反之任何協定，全文請參看《汪精衛政治論述》匯校本中冊頁319–324。

216
政治與民眾

大抵各國之立憲，無論其為君主立憲、為民主立憲，皆必經一度革命而後得之。所以然者，以專制之權力積之既久，為國家權力發動之根本，非摧去此強權，無由收除舊布新之效故也。

•

汪精衛說明為何滿清已立憲，革命仍然不息之緣由，出自汪氏1910年行刺攝政王不遂被捕後，於4月所書的〈庚戌年被逮第二次親筆供辭〉，全文請參看《汪精衛政治論述》匯校本上冊頁80–96。

217
戰爭與和平

弟平日決心欲集吾黨精銳、共同一拚，而讓他人為李鴻章。如此則不量力而戰之苦衷為人所諒；而量力而和之苦衷亦將為人所諒。

●

1933年4月23日汪精衛致函胡適，談中國當前最大問題就是對日問題，信中又附錄汪氏23日覆某人之密電，全文請參看《汪精衛政治論述》匯校本中冊頁325–326。

218
哲理與文化

士習於空談久矣，以往日治八股之法，治今日之科學，美其名曰求知欲，曰靜的教育，以為知則人生之能事已畢，陽明王子曰知而不行，只是不知，謂對麻木者作針砭乎，直對殘忍者作棒喝乎，願天下好學之士一念此言。

·

汪精衛在日本留學時開始翻譯里見常次郎著之《陽明與禪》，1938年始完成，後由中日文化協會於1942年出版，親信褚民誼邀汪氏撰序，全文請參看《汪精衛生平與理念》頁523。

219
革命與犧牲

如果有了信仰、有了共同的信仰，當一口氣尚存的時候用盡力去充實、到了最低限度的時候便去犧牲，則我們生命雖然不能保存，人格可以保存；國家生命雖然不能保存，國家人格可以保存。

●

面對日本侵略，汪精衛於1934年10月10日國慶日上發表〈充實與犧牲〉，考量到實力不及對方，主張一定要忍辱負重，以臥薪嘗膽的精神來充實國力，全文請參看《汪精衛政治論述》匯校本中冊頁338–341。

220
政治與民眾

政府方面，要革除濫調，拿出實際方案，沈着的去做；民眾方面，也再不要袖手旁觀、搖頭太息，而要羣策羣力、腳踏實地去做。

●

1940年汪精衛為實現和平，成立國民政府，還都南京。1944年1月1日汪氏於元旦典禮發表〈傾全力於決戰第一，完成興華保亞使命〉，謂衣食問題要得到合理的解決，必須合政府與人民的全力，全文請參看《汪精衛政治論述》匯校本下冊頁666–669。

221
國家與民族

強國之對於弱國，如饕餮之徒，貪得無厭。如果吃着甜頭，那自然愈吃愈甜，永無不吃之理。除非吃着了苦頭，方纔會把吃慾打了回去。所以我們若能將所能使用的心力物力完全使用，不留一點一滴，則至少至少，總可以使他吃些苦頭。

●

1937年7月7日蘆溝橋事變，中國全面抗日，8月4日汪精衛在中央廣播電台發表〈大家要說老實話大家要負責任〉，主張實話實說，努力去做，不唱高調、不作奢想，全文請參看《汪精衛政治論述》匯校本中冊頁386–390。

222
自然與風光

澹秋顏色勝穠春，

卻為飄零暗愴神。

·

汪精衛於1914年秋間作〈再賦紅葉〉，其時汪氏居
法國，7月歐戰爆發，遂避居閭鄉Nantes，全詩請參
看《汪精衛詩詞彙編》上冊頁26，手稿見下冊頁
49。

223
政治與民眾

過去青年運動，或則只有組織而無宣傳與訓練，徒使青年陷於機械式的盲從，甚至成為野心者爭權奪利之工具而不自知；或則只有宣傳而無組織與訓練，又使青年盲動、亂動，始而浮囂、終而消沈。

•

1940年汪精衛為實現和平，成立國民政府，還都南京。1941年3月23日，汪精衛回答朝日新聞社記者之提問，解釋正確培養青年運動之重要，出自〈國府還都週年紀念對朝日新聞社記者談話〉，全文見《汪精衛政治論述》匯校本下冊頁594–599。

224
革命與犧牲

若謂今非可死之時、弟非可遽死之人，則未知何時始為可死之時而吾黨孰為可死之人也。以吾之意，吾黨除自殺外，凡為黨事而致死者皆可云死得其正。

●

1909年5月8日，汪精衛致函胡漢民，清楚表明其心跡以及謀刺攝政王之原因，從中可見他並非為一時慷慨而赴死。出自〈與漢民書〉，全文請參看《汪精衛政治論述》匯校本上冊頁39–43。

<u>225</u>
自然與風光

此心得似冰蟾潔，

曾濯滄溟萬里來。

•

汪精衛1927年作詩〈海上〉，其時汪氏正於法國治病，後來聞國民黨部被共產黨把持，便決心歸國，全詩請參看《汪精衛詩詞彙編》上冊頁64，手稿見下冊頁150。

226
戰爭與和平

愈是說激烈話的人，將來必定是愈快投降的。為什麼呢？因為他們沒有真實的責任心，所以敢說這樣不負責的話。

●

汪精衛針對與日本唱高調者言，出自1932年2月15日的〈一面抵抗一面交涉〉，其時剛發生一二八事變不久，汪氏宣佈就任行政院長職，主張採用「一面抵抗一面交涉」的外交政策，全文請參看《汪精衛政治論述》匯校本中冊頁314–318。

227
戰爭與和平

我們所屬望於國聯的固然是拿出制裁力量來，因為拿出制裁力量來，保障和平才生效力。但是國聯除了制裁力量之外，還有一種力量，就是宣傳力量。利用國聯這個機關來作國際宣傳，喚起世界對我的同情、暴揚敵人罪惡，也是很有用的。

●

1938年9月20日，汪精衛在法官訓練所講演〈最近外交方針〉，詳述九一八以來中國外交之經過。全文請參看《汪精衛政治論述》匯校本中冊頁400–408。

228
戰爭與和平

我對於和平運動是勇往直前的。如果眼見其成功,固然是國家之福;即不幸失敗,亦必為和平前途留下一些種子。因為中日兩國如果要共存共榮,終不能不向這條路走的,何妨由我來做這條路上的一顆石子、一粒泥沙。

●

1939年12月29日,汪精衛發表〈艷電書後〉,重申中日善鄰友好之必要,以及他的決心。全文請參看《汪精衛政治論述》匯校本下冊頁503–507。

229
革命與犧牲

犧牲是必要的，如果我們沒有犧牲的決心，則不但斷送國家的生命，並且斷送國家的人格。

•

面對日本侵略，汪精衛於1934年10月10日國慶日上發表〈充實與犧牲〉，考量到實力不及對方，主張一定要忍辱負重，以臥薪嘗膽的精神來充實國力，全文請參看《汪精衛政治論述》匯校本中冊頁338–341。

230
自然與風光

孤松青不已，相為導春華。

•

汪精衛1925年作詩〈除夕〉，其時廣東國民政府成
立，汪氏任國民政府主席、常務委員會主席和軍事
委員會主席等職務，全詩請參看《汪精衛詩詞彙
編》上冊頁55，手稿見下冊頁127。

231
自然與風光

白雲紉作秋蘭佩，

從此襟頭有異香。

●

汪精衛1920年遊廬山時作詩〈含鄱嶺上小憩松下既醒白雲在衣袂間拂之不去〉，乃〈廬山雜詩〉其六，全詩請參看《汪精衛詩詞彙編》上冊頁42，手稿見下冊頁91。

232
自然與風光

梅花顧我笑，數枝正紅溼。

遙知新霽後，青動萬山色。

●

汪精衛於1930年在香港所作的〈雜詩〉其四，其時國民黨黨內紛爭愈發嚴重，中央黨部擴大會議正在醞釀之中，全詩請參看《汪精衛詩詞彙編》上冊頁83–84。

233
戰爭與和平

對外戰爭是何等事？卻以之為對內統一之手段！中國是求國家之生存獨立而抗戰，不是求對內統一而抗戰。以抗戰為對內統一手段，我絕對反對。何況今日之事，主和不會妨害統一，而不主和也不會不分裂！

●

汪精衛回應「中國因抗戰而得到統一，如果主和，則統一之局又歸於分裂」之說法，出自1939年3月27日汪氏就曾仲鳴之死發表的〈舉一個例〉，詳細闡述對日和談之主張由來，全文請參看《汪精衛政治論述》匯校本下冊頁431–446。

234
自然與風光

此際園丁高枕臥，

遊人自為看花忙。

·

汪精衛作詩〈遊春詞〉其二，全詩請參看《汪精衛詩詞彙編》上冊頁70，手稿見下冊頁169。

235
自然與風光

革命黨人，不為物欲所蔽，惟天然風景，則取不傷廉，此蘇軾所謂惟江上之清風，山間之明月，為取之無盡，用之不竭者。

●

1929年，汪精衛等聯名發表通電，指責蔣介石自組府以來即逐漸恣肆，背叛革命等，呼籲武裝同志迅提義師，掃除叛逆。1930年汪氏居香港從旁協助倒蔣運動，並以「曼昭」為筆名於《南華日報》連載南社詩話，此引文即出自詩話第二十二則，全文請參看《汪精衛南社詩話》頁74–77。

236
戰爭與和平

現代的戰爭不光是武力戰，一切的文化、政治、經濟無論精神方面、物質方面都包括在內，把各種力量提到最高，用在軍事裏頭。

●

出自1942年1月18日的〈政工會議開幕訓詞〉，全文請參看《汪精衛政治論述》匯校本下冊頁639–643。

237
自然與風光

入峽天如束，心隨江水長。

•

汪精衛所作詩〈入峽〉，全詩請參看《汪精衛詩詞彙編》上冊頁55，手稿見下冊頁128。

238
戰爭與和平

戰爭是要講時間的、援助是要講份量的。所以我們有一個鐵一般的原則，就是我們只應該想到這種希望，而不應該把這種希望作為我們作戰計劃的一種根據。因為這種希望的時間和份量都還沒有確定，如果拿來做作戰計劃的根據，那就有莫大的危險。

●

汪精衛述中國應對國際援助所採之態度，出自1938年9月20日的〈最近外交方針〉，全文請參看《汪精衛政治論述》匯校本中冊頁400–408。

239
革命與犧牲

南去北來如夢夢，

生離死別太頻頻。

年年此淚真無用，

路遠難回墓草春。

•

汪精衛於1941年6月14日作〈六月十四日為方君瑛姊忌辰舟中獨坐愴然於懷並念曾仲鳴弟〉，全詩請參看《汪精衛詩詞彙編》上冊頁123。

240
戰爭與和平

即使遇到事出倉卒，來不及破壞的時候，雖然不免把好好的一座城池淪陷於敵人之手，然而人心尚存。在淪陷區域中，仍可使用一切物質，來做破壞敵人的工作、來做收復失地的工作。因為一切物質是不會做漢奸的，祇要沒有做漢奸的人，自然沒有供漢奸利用的物。

•

1938年11月13日，長沙在日軍尚未到達之前就自己放火焚燒，全城化為焦土。23日，汪精衛發表〈為什麼誤解焦土抗戰〉，全文請參看《汪精衛政治論述》匯校本中冊頁409–411。

241
革命與犧牲

革命黨人以身為薪或以身為釜，合而炊飯。俟飯之熟，請四萬萬人共饗之。

•

1910年2月1日，汪精衛以「守約」為筆名，於《民報》發表〈革命之決心〉，他於行刺攝政王前，把這篇文章與〈革命之趨勢〉、〈告別同志書〉一起縫入衣服內，文章述及革命之因由，道出其一生所抱宗旨，全文請參看《汪精衛政治論述》匯校本上冊頁73–77。

242
戰爭與和平

政府既然日日的瞞着良心來說硬話，一般人何苦自討沒趣？何況話一出口就被人指為漢奸，一般人心中想想，亡國是大家有份的，漢奸的惡名卻要我一個人承當，這更是何苦？這麼一來，自然而然的，心雖知其危而口不敢言了。這是不說老實話的原因，也就是不負責任的原因，也就是亡國的原因！

●

1939年3月30日，汪精衛發表〈覆華僑某君書〉，解答某君對與日言和之疑問，全文請參看《汪精衛政治論述》匯校本下冊頁447–452。

243
革命與犧牲

蒲柳奮登先，松柏恥彫後。

敢辭晚節苦，直恐初心負。

•

汪精衛於1933年作〈重九集掃葉樓分韵得有字〉，全詩請參看《汪精衛詩詞彙編》上冊頁95，手稿見下冊頁204–207。11933年初汪氏於德國治療肝病後回國，向中央請辭行政院長職不果，3月30日復職，當時國外既須面對日本於華北之侵略，國內更有水災肆虐。

244
政治與民眾

凡國會生息於專制威權之下者，非為君主之傀儡，即供君主之魚肉，最下則為君主之鷹犬。

●

汪精衛1910年2月1日發表〈論革命之趨勢〉，後來其行刺攝政王不遂被捕時，警方在他身上搜得這篇文章。文中汪氏舉例說明清朝所謂立憲對人民自由的箝制，全文見《汪精衛政治論述》匯校本上冊頁51–72。

245
戰爭與和平

當和的時候，拼命的指摘和；當戰的時候，拼命的指摘戰。因為和是會吃虧的，戰是會打敗仗的。最好的方法，還是自己立於無過之地，橫豎別人該死。

．

1937年7月7日蘆溝橋事變，中國全面抗日，8月4日汪精衛在中央廣播電台發表〈大家要說老實話大家要負責任〉，其中述及不負責任者之心態，全文請參看《汪精衛政治論述》匯校本中冊頁386–390。

246
哲理與文化

在好的環境裏，壞人也會變成好人，在壞的環境裏，好人也會變成壞人。

•

1928年7月15日，汪精衛發表〈一個根本觀念〉，以此回應吳稚暉在6月23日及24日在《民國日報》發表的〈書汪先生最近言論後〉，文中重申國民黨改組之精神，在於鞏固黨之組織，森嚴黨之紀律，使黨員真能為主義而奮鬥，而非容共。全文請參看《汪精衛政治論述》匯校本中冊頁245–254。

247
革命與犧牲

惟相信而後能相愛，惟相愛而後能相助。毋惑於讒言，毋被離間於羣小，毋以形跡偶疏而暌其感情，毋以行事過秘而疑其心術。蓋有此四者，往往使團結力為之疏懈，凡諸黨派所不能免，而秘密性質之革命黨則尤不能免。

●

1909年12月22日，汪精衛撰〈與南洋同志書〉，表明他將抱必死之決心，行刺攝政王，並寄望同志革命成功，全文請參看《汪精衛政治論述》匯校本上冊頁46–48。

248
自然與風光

萬物樂新晴，亦如人望治。

·

汪精衛1926年作詩〈春晴〉其二，其時發生「中山艦事變」，加上汪氏患嚴重糖尿病，遂辭去廣州國民政府主席、政治委員會主席、軍事委員會主席等職務，於鄉間靜養，全詩請參看《汪精衛詩詞彙編》上冊頁59–60，手稿見下冊頁138–140。

<u>249</u>
自然與風光

平生志淡泊，樂此清絕境。

●

1927年廣州事變以後，汪氏為平息國民黨內因分共而產生的糾紛，決定引退，並赴法國，詩文即摘錄自汪氏1928年所作詩〈瑞士幾希柏瀑布自山巔騰擲而下注於勃里安湖遠映雪山近蔭林木余在此一宿而去〉，全詩請參看《汪精衛詩詞彙編》上冊頁67，手稿見下冊頁161、332。

250
戰爭與和平

所以一面抵抗、一面交涉，同時並行。軍事上要抵抗、外交上要交涉，不失領土、不喪主權。在最低限度之下，我們不退讓；在最低限度之上，我們不唱高調。這便是我們共赴國難的方法。

●

1932年1月28日，駐上海的日本海軍發動事變，1月29日汪精衛宣佈就任行政院長職，主張採用「一面抵抗一面交涉」的外交政策，出自1932年2月15日的〈一面抵抗一面交涉〉，全文請參看《汪精衛政治論述》匯校本中冊頁314–318。

251
堅貞與愛情

閒愁不為西風起，

自倚江樓念遠人。

•

汪精衛1924年作〈秋夜〉其二，其時汪氏正協助改
組國民黨，同年更發生廣州商團事變，全詩請參看
《汪精衛詩詞彙編》上冊頁54，手稿見下冊頁
123–124。

252
政治與民眾

政府與民眾相依為命，是其本質；政府
盡忠於人民、人民信任其政府，是其活
動。政府沒有民眾作基礎，無論民主政
治不能樹立，即獨裁政治亦不能樹立。

•

1936年2月19日，汪精衛前往德國治療遭遇暗殺後遺
留下來的鎗傷，12月得知西安事變發生後決定回
國。1937年1月22日，汪精衛在行政院各部會歡迎會
演講〈論民主政治〉，當中述及政府與民眾的關
係，全文請參看《汪精衛政治論述》匯校本中冊頁
374–376。

253
戰爭與和平

我們在野不要唱高調、在朝不要說軟
話。

●

1932年1月28日，駐上海的日本海軍發動事變。2月
15日汪精衛在徐州發表演講〈一面抵抗一面交涉〉，
說明中國解決糾紛的最低限度是不失國土和主權，過
此則決不讓步。全文請參看《汪精衛政治論述》匯校
本中冊頁314–318。

254
革命與犧牲

謂之赴死可矣，謂之遭難，何其舛耶？

•

1929年，汪精衛等聯名發表通電，指責蔣介石自組府以來即逐漸恣肆，背叛革命等，呼籲武裝同志迅提義師，掃除叛逆。1930年汪氏居香港從旁協助倒蔣運動，並以「曼昭」為筆名於《南華日報》連載南社詩話，當中第五則述及胡樸安為革命黨人寧調元所寫的小傳，認為胡氏說寧氏是「遭武昌之難而死」此一說法不妥，詳細請參看《汪精衛南社詩話》頁20–22。

255
革命與犧牲

須知道沒有發奮為雄的志氣而低首下
心，便是偷生苟活；有了發奮為雄的志
氣，而急於自見，也是輕率寡謀。這都
不是救亡圖存所應有的決心與態度。

·

1935年元旦，汪精衛發表〈救亡圖存之方針〉，認
為中國的國難在於不自由不平等，國民革命的目的
也就是求中國的自由和平等，而要有救亡圖存的機
會，則必須專心致志的埋頭苦幹。國力多儲蓄得一
分是一分。全文請參看《汪精衛政治論述》匯校本
中冊頁342–351。

256
戰爭與和平

所謂焦土戰者,是因戰而至於焦土,絕不是不戰、更絕不是即使不戰亦要焦土。由前之說,是焦土戰;由後之說,是不戰而焦土。二說絕不相同,不可混為一談。

•

1937年7月7日蘆溝橋事變,中國全面抗日,1938年1月12日,汪精衛發表〈如何使用民力〉,論及當時最為人稱道的焦土戰和游擊戰。全文請參看《汪精衛政治論述》匯校本中冊頁392–395。

257
戰爭與和平

今人說「抗日就是一切」，那麼，抗日是目的了。然則為什麼抗日呢？是為保衛國家之生存獨立。可見保衛國家之生存獨立是目的，抗日不過是手段。

•

汪精衛回應記者有關「此時議和是否搖惑人心、撓動軍心」之提問，出自1939年1月30日的〈答問〉，其時汪氏已於1938年12月29日發表〈艷電〉，主張與日交涉和平，全文請參看《汪精衛政治論述》匯校本下冊頁427–428。

258
革命與犧牲

兄試思之，包圍之極點，尚有過於連日上海之會談者乎？生平敬服之師友，聚於一堂。感情、道義，至少有十數年之膠結。其力量之偉大，過於萬萬機關槍砲；感情之痛苦，過於生命之摧毀。然而包圍之效，亦已可覩。試問尚有其他勢力，能包圍弟若是之烈者乎？

●

1927年4月1月，汪精衛就分共問題，與吳稚暉、蔡元培等連日於上海開會，彼此意見相左，7日汪氏致函李石曾，闡明其政治觀念，重申黨紀問題，回應其赴武漢必遭共產黨包圍之顧慮，出自〈四月七日寄李石曾的一封信〉，全文見《汪精衛政治論述》匯校本上冊頁174–178。

259
政治與民眾

黨是在民眾之內的,並非在民眾之上,尤其非在民眾之外。

•

1929年因蔣介石專權而全國瀰漫倒蔣氛圍,國民黨各派系的理論鬥爭,亦從怎樣對付共產黨,改為集中討論國民黨的性質,以及國民革命完成後中國所應走的方向。1930年1月11日汪精衛就人們對黨治的質疑發表〈黨治之意義〉,全文請參看《汪精衛政治論述》匯校本中冊頁271–275。

260
政治與民眾

蓋人類當一切平等，乃於其中橫生階級，貴者不得降蹐、賤者不得仰跂，權利義務相去懸絕，此其逆天理、悖人道而不容有於人間世。

•

汪精衛述貴族政治，出自汪氏1906年1月22日發表的〈民族的國民〉其二。1905年汪氏加入同盟會，出任評議部評議長，同時為機關報《民報》主要撰稿人。11月26日首次以「精衛」署名發表〈民族的國民〉，宣揚自由平等，激勵民族意識和揭露滿清的專制。全文請參看《汪精衛政治論述》匯校本上冊頁24–38。

261
國家與民族

夫既為人類，以立於世界。能勤其心力，以為世界之先導者，上也；勤其心力，與世界諸人類齊驅而並進，不然則亦追而及之者，亦其次也；惰其心力，甘居人後，優哉游哉，恬不為恥，民斯為下矣。

•

1919年4月，汪精衛以個人名義列席巴黎和會，並因和會偏袒日本而極力主張中國拒絕簽字《凡爾賽和約》，會議結束後，汪氏於1920年2月1日出版《巴黎和議後之世界與中國》，引文即出自該書緒論，全文請參看《汪精衛政治論述》匯校本上冊頁102–113。

262
政治與民眾

自個人權利觀之，專制必不認人民之自由，故國家對於個人祇有權利而無義務、個人對於國家祇有義務而無權利。若立憲，則國家與個人皆有其權利、有其義務者也。

●

汪精衛從個人權利層面述立憲與專制政體之區別，出自汪氏1906年1月22日發表的〈民族的國民〉其二。1905年汪氏加入同盟會，出任評議部評議長，同時為機關報《民報》主要撰稿人。11月26日首次以「精衛」署名發表〈民族的國民〉，宣揚自由平等，激勵民族意識和揭露滿清的專制。全文請參看《汪精衛政治論述》匯校本上冊頁24-38。

263
堅貞與愛情

我如飛雪飄無定，

君似梅花冷不禁。

迴首時晴深院裏，

滿裾疏影伴清吟。

•

1917年孫中山欲在廣州成立護法軍政府，1月汪精衛
自法國歸國響應，並於途中作〈西伯利亞道中寄冰
如〉，冰如即汪氏妻子陳璧君，載《汪精衛詩詞彙
編》上冊頁30，手稿見下冊頁62、329。

264
自然與風光

泉聲出萬寂，流遠韻更徹。

似聞穿林去，邂逅澗中石。

·

汪精衛1924年於北京西山作詩〈碧雲寺夜坐〉，乃
〈西山紀游詩〉其四，其時孫中山準備赴北京與段
祺瑞共商國是，汪氏於是先行到北京部署，全詩請
參看《汪精衛詩詞彙編》上冊頁53，手稿見下冊頁
119–120。

<u>265</u>
自然與風光

天然風景元無異，

人事綢繆愧不如。

好和湖光入尊酒，

便尋幽夢到匡廬。

•

1935年11月1日，汪精衛於第六次中央委員全體會議
開幕典禮上遇襲，身中三槍，1936年2月19日前往德
國治療，期間作〈瑞士道中〉，全詩請參看《汪精
衛詩詞彙編》上冊頁110，手稿見下冊頁343。

266
堅貞與愛情

至於弟與七妹，僅於垂死之際有訂婚之
一言。擬齎之以入地下，其相與之情，
一如平日，無有增減。

●

1910年2月25日汪精衛致曾醒、方君瑛函，七妹即汪
氏妻子陳璧君，二人決於謀刺滿清攝政王前訂下婚
約，共同以必死決心從事暗殺行為，全文請參看
《汪精衛生平與理念》頁355–360。

267
哲理與文化

嗟夫，死者已矣，其精神所寄，存於文學，常能發其光焰，以為後人導，其猶生存者，則負中華民國之重以前趨，不達其所新之境，必不蹶然以止，庶幾所謂死者復生生者不愧者歟。

●

1923年汪精衛於上海做政治宣傳工作，同年應邀為南社詩人胡樸安編的《南社叢選》撰序，全文請參看《汪精衛南社詩話》頁136。

268
革命與犧牲

我們不惜自己的死，但我們不能不求國家之生。

•

1940年6月15日，汪精衛發表〈蔣介石的磁鐵戰〉，指出其獻身和平運動之理由，並說明焦土戰與游擊戰對中國的影響。全文請參看《汪精衛政治論述》匯校本下冊頁553–556。

269
政治與民眾

中國今日當務之急惟在救亡，而救亡則有賴於民力。民力之增進，即救亡力量之增進，不可不加意培養。培養之法，固在精神淬礪，而物質供給亦同等重要。

●

1936年2月19日，汪精衛前往德國治療遭遇暗殺後遺留下來的鎗傷，12月得知西安事變發生後決定回國。1937年1月14日到上海，並就中國近來處境發表談話，出自〈歸國途中之談話〉，全文請參看《汪精衛政治論述》匯校本中冊頁367–369。

270
自然與風光

缺月因風如欲墜，

疎星在水忽生稜。

●

汪精衛於1919年作〈自上海放舟橫太平洋經美洲赴
法國舟中感賦〉，其時汪氏正以個人身份赴法國出
席巴黎和議，全詩請參看《汪精衛詩詞彙編》上冊
頁33，手稿見下冊頁72。

271
革命與犧牲

我從二十多歲投身革命以來，就不曾替自己打算過。何況如今已經五十多歲了，眼看着國破家亡，我那裏還有這些閒心來替自己打算？

•

1939年3月30日，汪精衛發表〈覆華僑某君書〉，解答某君對與日言和之疑問，全文請參看《汪精衛政治論述》匯校本下冊頁447–452。

272
戰爭與和平

我為什麼走到淪陷了的地方來？我是為這種呼聲所召喚！我是要將這種呼聲與前方、後方被箝着口發不出來的呼聲，連結在一起！

•

意指民眾對和平之呼聲，出自1939年8月9日的〈怎樣實現和平〉，全文請參看《汪精衛政治論述》匯校本下冊頁465–469。

273
革命與犧牲

九死誠不辭，所失但軀殼。

●

汪精衛行刺攝政王事敗後，於1911年在獄中作〈述懷〉詩，汪氏以詩筆自述平生，全詩請參看《汪精衛詩詞彙編》上冊頁20，手稿見下冊頁34–37。

274
政治與民眾

蘇俄之所謂無產階級專政，不過是共產黨專政、其實不過是斯達林一人專政；意大利之所謂法西斯蒂黨專政，其實不過是莫索里尼一人專政。

•

1930年9月中央黨部擴大會議後，黨內派系紛爭更為激烈，1931年2月因約法問題，蔣介石拘禁胡漢民，於是汪精衛呼籲各派聯合起來，加以反對。5月1日發表〈如何聯合起來〉，號召各派聯合反蔣，打倒獨裁。全文請參看《汪精衛政治論述》匯校本中冊頁308–310。

275
戰爭與和平

拿商業來做譬喻，軍事方面的力量猶如本錢，外交的手段猶如經紀。如果一個做經紀的不顧着本錢的多少，買空賣空去做投機生意，則其商業必然虧敗。

•

1935年元旦，汪精衞發表〈救亡圖存之方針〉，認為中國的國難在於不自由不平等，國民革命的目的也就是求中國的自由和平等，而要有救亡圖存的機會，則必須專心致志的埋頭苦幹。國力多儲蓄得一分是一分。全文請參看《汪精衞政治論述》匯校本中冊頁342–351。

<u>276</u>
自然與風光

誰歟挽天河，直下幾千仞。

人間塵萬斛，快然一洗淨。

•

1927年廣州事變以後，汪氏為平息國民黨內因分共而產生的糾紛，決定引退，並赴法國，詩文即摘錄自汪氏1928年所作詩〈瑞士幾希柏瀑布自山巔騰擲而下注於勃里安湖遠映雪山近蔭林木余在此一宿而去〉，全詩請參看《汪精衛詩詞彙編》上冊頁67，手稿見下冊頁161、332。

277
政治與民眾

嗚呼！我國民而安於貴族政治乎？則吾寧蹈東海而死，不敢為一言。

•

汪精衛考究中國歷史，言清朝二百六十多年的統治正是貴族政治，出自汪氏1906年1月22日發表的〈民族的國民〉其二。1905年汪氏加入同盟會，出任評議部評議長，同時為機關報《民報》主要撰稿人。11月26日首次以「精衛」署名發表〈民族的國民〉，宣揚自由平等，激勵民族意識和揭露滿清的專制。全文請參看《汪精衛政治論述》匯校本上冊頁24–38。

278
戰爭與和平

日本在東亞是先進國，無日本便無東亞；中國雖落後，但以其國家的地位及其民族性而論，無中國便無東亞。這兩個國家，和平則共存共榮、戰爭則兩敗俱傷，這是不可磨滅的真理。沒有戰爭時，應該如此提倡；有戰爭時，更應該如此提倡。

●

1940年3月12日，汪精衛於孫中山總理逝世紀念日上發表〈「和平奮鬥救中國」的心理建設〉，從孫中山大亞洲主義著手，談中日和平之必要，全文請參看《汪精衛政治論述》匯校本下冊頁526−528。

279

自然與風光

山連鐵騎奔如放，

水亙銀河凝不流。

•

汪精衛1932年夏復至廬山時作詩〈曉登天池山將以明日乘飛機發九江〉，乃〈廬山雜詩〉其二，全詩請參看《汪精衛詩詞彙編》上冊頁98，手稿見下冊頁213–215。

280
哲理與文化

去惡如薅草，滋蔓行復萌。

掖善如培花，芒芒不見形。

●

汪精衛於1930年在香港所作的〈雜詩〉其八，其時國民黨黨內紛爭愈發嚴重，中央黨部擴大會議正在醞釀之中，全詩請參看《汪精衛詩詞彙編》上冊頁83–84。

281
國家與民族

君主對於人民之要求自由平等視為不安份、大逆不道。加以革命的罪名，要殺要剮；列強於弱國之要求自由平等，也視為不安份、大逆不道。重則發兵征討、勒令賠款割地，輕亦加以種種束縛壓迫。

●

1935年元旦，汪精衛發表〈救亡圖存之方針〉，認為中國的國難在於不自由不平等，國民革命的目的也就是求中國的自由和平等，而要有救亡圖存的機會，則必須專心致志的埋頭苦幹。國力多儲蓄得一分是一分。全文請參看《汪精衛政治論述》匯校本中冊頁342–351。

282
哲理與文化

處事期以勇，持身期以廉。

責己既已周，責人斯無嫌。

●

汪精衛1926年作〈雜詩〉，其時發生「中山艦事
變」，加上汪氏患嚴重糖尿病，遂辭去廣州國民政
府主席、政治委員會主席、軍事委員會主席等職
務，於鄉間靜養，全詩請參看《汪精衛詩詞彙編》
上冊頁62，手稿見下冊頁143。

283
哲理與文化

世界上無論何種文化，皆是隨時代以進步的。不責後人不肖，卻責先民沒有好好的留貽，真是荒謬絕倫！儒教說「過則勿憚改」、說「苟日新，日日新，又日新」、說「進德」，沒有一句不責人自新、勉人進步。

•

1940年8月27日，汪精衛發表〈紀念孔子的意義〉，冀藉紀念孔子喚起中國民族的自覺，又言從事和平運動的人，都決心為和平運動而犧牲，決非為偷生苟活，全文請參看《汪精衛政治論述》匯校本下冊頁568–570。

284
國家與民族

民族者自族類的方面言，國民者自政治
的方面言，二者非同物也，而有一共通
之問題焉。則同一之民族果必為同一之
國民否？同一之國民果必為同一之民族
否？

•

1905年汪氏加入同盟會，出任評議部評議長，同時
為機關報《民報》主要撰稿人。11月26日首次以
「精衛」署名發表〈民族的國民〉其一，宣揚自由
平等，激勵民族意識和揭露滿清的專制。汪氏又於
文中深入剖析「以一民族為一國民」及「不同民族
同為國民」的情形，全文請參看《汪精衛政治論
述》匯校本上冊頁3–23。

285
政治與民眾

國民者何？構成國家之分子也，以自由、平等、博愛相結合，本此精神以為國法。法者，國民之總意也。政府者，國法所委任者也。

●

汪精衛述立憲政體之根基，出自汪氏1906年1月22日發表的〈民族的國民〉其二。1905年汪氏加入同盟會，出任評議部評議長，同時為機關報《民報》主要撰稿人。全文請參看《汪精衛政治論述》匯校本上冊頁24–38。

286
戰爭與和平

須知以農立國的國家，其根本全在農村。焦土戰、游擊戰一展開，農村便根本摧毀了，這不是吃砒霜是什麼？吃砒霜的人，是必死的；吃了吃砒霜的人的老虎，卻不是必死的，或者嘔吐一場、壞了胃口，仍然可以活著。試問是誰損失的大？

●

1940年6月15日，汪精衛發表〈蔣介石的磁鐵戰〉，指出其獻身和平運動之理由，並說明焦土戰與游擊戰對中國的影響。全文請參看《汪精衛政治論述》匯校本下冊頁553–556。

287

自然與風光

湖光入夜尤奇絕，

指點秋星久未還。

●

汪精衛1926年所作詩〈湖上〉，其時發生「中山艦
事變」，加上汪氏患嚴重糖尿病，遂辭去廣州國民政
府主席、政治委員會主席、軍事委員會主席等職務，
於鄉間靜養，至五月即前往法國治病，全詩請參看
《汪精衛詩詞彙編》上冊頁63，手稿見下冊頁146。

288

自然與風光

萬柏自搖風露影，

四山為寫雪霜姿。

•

1935年11月1日，汪精衛於第六次中央委員全體會議開幕典禮上遇襲，身中三槍，1936年2月19日前往德國治療，期間作〈聖莫利茲山上〉，全詩請參看《汪精衛詩詞彙編》上冊頁113，手稿見下冊頁341。

289
堅貞與愛情

近來何事關心最，

一紙書來萬里親。

•

汪精衛作〈初夏即事寄冰如〉，其時汪氏正任廣東省教育會會長，全詩請參看《汪精衛詩詞彙編》上冊頁48，手稿見下冊頁106。

290

戰爭與和平

資敵兩個字是動人聽聞的，然記得資敵、忘記資我，實在糊塗透了。

●

1938年11月13日，長沙在日軍尚未到達之前就自己放火焚燒，全城化為焦土。23日，汪精衛發表〈為什麼誤解焦土抗戰〉，全文請參看《汪精衛政治論述》匯校本中冊頁409–411。

291
革命與犧牲

瓜蔓已都無可摘，

豆其何苦更相煎。

●

汪精衛1910年謀刺滿清攝政王事敗後於獄中作的
〈有感〉，其時汪氏因謀刺滿清攝政王事敗一事被
判終身監禁，全詩請參看《汪精衛詩詞彙編》上冊
頁11，手稿見下冊頁11。

292
政治與民眾

如今已到了空中飛行的時候了，我們卻連在地上走的路也不想造，那麼豈不是等着被人和雞犬一般的宰割麼？

·

汪精衛就「造路是勞民傷財」一說，加以解釋，出自1934年3月12日〈總理逝世九周年紀念〉，全文請參看《汪精衛政治論述》匯校本中冊頁347–350。

293
自然與風光

嗟夫山水，能令人憂，能令人樂，能令人於此寄國家民族之戀慕，能令人於此陶淑其不濡滯於物之心情，乃至於臨命之時，亦不忘情於一瞬。山水不負人，人亦不負山水矣。

·

1929年，汪精衛等聯名發表通電，指責蔣介石自組府以來即逐漸恣肆，背叛革命等，呼籲武裝同志迅提義師，掃除叛逆。1930年汪氏居香港從旁協助倒蔣運動，並以「曼昭」為筆名於《南華日報》連載南社詩話，此引文即出自詩話第五則，全文請參看《汪精衛南社詩話》頁20–22。

294
自然與風光

疎林亦有斜陽意，

都為將殘分外妍。

留得娟娟好顏色，

不辭岑寂晚風前。

•

汪精衛於1914年秋間作〈四賦紅葉〉，其時汪氏居
法國，7月歐戰爆發，遂避居閬鄉Nantes，全詩請參
看《汪精衛詩詞彙編》上冊頁26，手稿見下冊頁
50。

295
政治與民眾

聚其全力於確立治安，改善社會人民經濟生活。只要局部和平能得做好，全面和平自然到來。這正是孟子所謂「民之歸之，如水之就下」。

●

1940年汪精衛為實現和平，成立國民政府，還都南京。1941年3月30日，國民政府還都南京週年紀念，汪精衛發表廣播演講。詳細請參看汪氏〈國民政府還都一年〉，全文見《汪精衛政治論述》匯校本下冊頁600–619。

<u>296</u>
政治與民眾

如今有一種人，對於三民主義，全不想到怎樣去行好，只知道發些空空洞洞的議論。名為將三民主義抬上天去，實則將使其不能適用於人間。

•

第三次全國代表大會召開以後，一切權力操於蔣介石個人手上，黨名實俱亡。1929年3月12日，汪精衛於孫中山第四年逝世日發表〈本黨總理孫先生逝世日感言〉，認為現時總理改組的目的和精神已被毀滅，國民革命受到摧殘而夭折。同志須認準方向，努力自惡勢力中殺出重圍。全文請參看《汪精衛政治論述》匯校本中冊頁259–264。

297
國家與民族

各國於其人民之生命、自由、財產，皆有法律為之保障。深識之士，猶將以法律為未足，而思有以代之。而中國則上無道揆、下無法守，人民之生命、自由、財產，憔悴於虐政之下，朝不保其夕也。

•

汪精衛述當時中國與各國於律法上之差異，出自汪氏參與巴黎和會後，於1920年2月1日出版的〈巴黎和議後之世界與中國‧緒論〉，全文請參看《汪精衛政治論述》匯校本上冊頁102–113。

298
革命與犧牲

我們今日要為救國而死，不要只為殉國而死！

•

1939年12月29日，汪精衛發表〈艷電書後〉，重申中日善鄰友好之必要，以及他的決心。全文請參看《汪精衛政治論述》匯校本下冊頁503–507。

<u>299</u>
政治與民眾

共產黨是一階級的黨、是無產階級的黨，以無產階級專政為革命之目的。對於其他民眾，不過一時利用，認為同盟。

●

1927年7月13日，共產黨中央委員會發表宣言，正式退出國民政府，15日汪精衛向中央黨部正式提出分共，25日汪氏發表文章〈夾攻中之奮鬥〉，述國民黨日後將遇到兩種敵人，一種是腐敗勢力，一種是共產黨。全文見《汪精衛政治論述》匯校本上冊頁179-181。

300
國家與民族

軍事力量不能包括民族意識，而民族意識卻可以包括軍事力量。

●

1940年汪精衛為與日本實現和平，成立國民政府，還都南京。1941年元旦，發表廣播〈和平運動之前途〉，全文請參看《汪精衛政治論述》匯校本下冊頁512–518。

301
革命與犧牲

我們不敢說，我們的死能把中國救回來；我們至少要死了之後，有面目見總理於地下！

●

1934年3月12日，汪精衛在中央黨部發表〈總理逝世九週年紀念〉演講，指出中國人，尤其是國民革命的同志，都要準備追隨總理的遺訓，為和平、奮鬥、救中國而死，全文請參看《汪精衛政治論述》匯校本中冊頁330–333。

302
自然與風光

及時惟努力，攬物莫長嗟。

•

汪精衛1925年作詩〈除夕〉，其時廣東國民政府成
立，汪氏任國民政府主席、常務委員會主席和軍事
委員會主席等職務，全詩請參看《汪精衛詩詞彙
編》上冊頁55，手稿見下冊頁127。

303
自然與風光

一樣溫柔好情性，

動時流水靜時山。

●

汪精衛1932年夏復至廬山時作詩〈自佛手巖遠望數峯秀軟殊絕為作絕句四首〉其四，乃〈廬山雜詩〉其十，全詩請參看《汪精衛詩詞彙編》上冊頁101，手稿見下冊頁237–242。

304
革命與犧牲

鑊之為用，能任重、能持久，水不能蝕、火不能鎔，飽受熬煎久而不渝，此恆之德也。猶革命黨人之擔負重任，集勞怨於一躬，百折不撓以行其志者也。

•

汪精衛以做飯過程時，鑊與薪不同功用來比喻革命黨人恆與烈之特性。出自1909年12月27日〈再與漢民書〉，寫於汪氏行刺攝政王前，並請胡氏在他犧牲後，刊登至《中興報》上，作為他之絕筆。全文請參看《汪精衛政治論述》匯校本上冊頁44–45。

305
哲理與文化

破落戶子弟聽者，祖宗的光榮，與我們何干！祖宗的光榮，不能洗刷我們的恥辱；我們的恥辱，卻可以埋沒祖宗的光榮。

•

面對日本的侵略，1934年7月24日汪精衛在外交部總理紀念週發表演講〈破落戶與暴發戶〉，剖析造成中國衰落的心理原因，全文請參看《汪精衛政治論述》匯校本中冊頁334–337。

306
哲理與文化

拿破崙說字典無難字，我們說字典無易字。因為知其難而說是易，那就不免隨便的說、隨便的做，說既不老實、做又不負責任。反之，知其難而說是難、知其難而仍然向着難去做，那就說是老實的說、做是負責任的做。

•

1937年7月7日蘆溝橋事變，中國全面抗日，8月4日汪精衛在中央廣播電台發表〈大家要說老實話大家要負責任〉，主張實話實說，努力去做，不唱高調、不作奢想，全文請參看《汪精衛政治論述》匯校本中冊頁386–390。

307
革命與犧牲

彼輟耕太息於隴上、崛起於草澤間者，豈人皆有湯武之智，亦以切膚之痛，所不能堪則奮而起耳。

•

汪精衛1910年2月1日發表〈論革命之趨勢〉，後來其行刺攝政王不遂被捕時，警方在他身上搜得這篇文章。文中汪氏舉例說明清朝所謂立憲對人民自由的箝制，全文見《汪精衛政治論述》匯校本上冊頁51–72。

308
戰爭與和平

我們必須知道，人民有了力量，纔能以其力量供消耗敵人之用，如果沒有人民，又何有消耗敵人的力量？我們更必須知道，在展開游擊戰的地方，軍隊如魚、人民如水，如果這地方成了焦土，則水已沒有，魚何能游？

●

1937年7月7日蘆溝橋事變，中國全面抗日，1938年1月23日，汪精衛發表〈抗戰期間我們所要注意的三要點〉，認為需要認清楚敵人力量、國際形勢與自己的力量。全文請參看《汪精衛政治論述》匯校本中冊頁396–399。

<u>309</u>
自然與風光

倚欄惟見水無垠，

天海遙從一線分。

•

汪精衛1927年所作詩〈舟中感懷〉，其時汪氏正於法國治病，後來聞國民黨部被共產黨把持，便決心歸國，全詩請參看《汪精衛詩詞彙編》上冊頁65，手稿見下冊頁153。

<u>310</u>
堅貞與愛情

娟娟明月影，故故向人圓。

何當若流星，一閃至君前。

●

汪精衛1911年於獄中作〈春晚〉詩，全詩請參看《汪
精衛詩詞彙編》上冊頁17，手稿見下冊頁27。

311
戰爭與和平

如果還有一絲有救亡圖存的機會，則斷斷不可將這一絲的機會錯過了去，必須專心致志的埋頭苦幹，國力多儲蓄得一分是一分。儲蓄起來，看清楚了特殊環境而善於運用，那麼救亡圖存的目的定然可以達到。

●

1935年元旦，汪精衛發表〈救亡圖存之方針〉，認為中國的國難在於不自由不平等，國民革命的目的也就是求中國的自由和平等，而要有救亡圖存的機會，則必須專心致志的埋頭苦幹。國力多儲蓄得一分是一分。全文請參看《汪精衛政治論述》匯校本中冊頁342–351。

312
革命與犧牲

從來所謂革命，無非為大多數人民，即一般勞苦人民之利害迫切而發生。

·

第三次全國代表大會召開以後，一切權力操於蔣介石個人手上，黨名實俱亡。1929年3月12日，汪精衛於孫中山第四年逝世日發表〈本黨總理孫先生逝世日感言〉，認為現時總理改組的目的和精神已被毀滅，國民革命受到摧殘而夭折。同志須認準方向，努力自惡勢力中殺出重圍。全文請參看《汪精衛政治論述》匯校本中冊頁259–264。

313
戰爭與和平

我們是抗戰的國家，我們並不拒絕調停，我們只要問調停條件。如果調停條件無害於中國的獨立生存，我們為什麼不可商量？如果調停條件有害於中國的獨立生存，我們為什麼接受？

•

1938年9月20日，汪精衛在法官訓練所講演〈最近外交方針〉，詳述九一八以來中國外交之經過。全文請參看《汪精衛政治論述》匯校本中冊頁400–408。

314
戰爭與和平

和平運動，乃是從東亞大局着想。確有見於中日兩國，非和平不能共存共榮；並非以戰敗之故，避難苟安也。

•

1940年1月汪精衛赴青島召開會議決定中央政府樹立大綱、政綱及政策。22日於青島接見中外記者，談和平運動之見解，出自〈在青島會談各次談話〉，全文請參看《汪精衛政治論述》匯校本下冊頁521–525。

315
革命與犧牲

憂在己不力，豈在憂時窮。

•

1935年11月1日，汪精衛於第六次中央委員全體會議開幕典禮上遇襲，身中三槍，1936年1月於上海療養期間，作〈二十五年一月病少間展雙照樓圖因作此詩以示冰如〉，全詩請參看《汪精衛詩詞彙編》上冊頁107，手稿見下冊頁261–262。

316
自然與風光

由來泉水在山清，

莽莽人間盡不平。

風雷萬古無停歇，

和我中宵悲嘯聲。

•

汪精衛1919年出席巴黎和議前，與方君璧家同遊比
那蓮山Pyrenees時所作詩〈西班牙橋上觀瀑〉，乃
〈比那蓮山雜詩〉四首其三，全詩請參看《汪精衛
詩詞彙編》上冊頁36，手稿見下冊頁78–79、197。

317
國家與民族

彼故日謀所以使我民族死心盡氣者，日以刀鋸鼎鑊待天下之士，飾之以淫辭、行之以威力……直接使一二人受其痛苦，而間接使我民族箝口結舌、胥相忘於公義。

●

汪精衛舉例闡述滿清壓迫漢族之手段，出自1905年11月26日發表的〈民族的國民〉其一，其時汪精衛已加入同盟會，出任評議部評議長，同時為機關報《民報》主要撰稿人。全文請參看《汪精衛政治論述》匯校本上冊頁3–23。

318
自然與風光

不妨弦月遲遲上，

且看明河淡淡生。

●

汪精衛1932年夏復至廬山時作詩〈即事〉，乃〈廬山雜詩〉其八，全詩請參看《汪精衛詩詞彙編》上冊頁100，手稿見下冊頁231–232。

319
自然與風光

君看寒光澈，碧海成銀河。

一葦縱所如，萬里無坎軻。

•

汪精衛1926年作詩〈海上〉，其時發生「中山艦事變」，加上汪氏患嚴重糖尿病，遂辭去廣州國民政府主席、政治委員會主席、軍事委員會主席等職務，於鄉間靜養，至五月即前往法國治病，全詩請參看《汪精衛詩詞彙編》上冊頁63，手稿見下冊頁145、348。

320
自然與風光

惘惘情未甘，靡靡行已足。

欲語苦口嗫，微風振林木。

•

汪精衞於1919年作〈春日偶成〉，其時汪氏正以個
人身份赴法國出席巴黎和議，全詩請參看《汪精衞
詩詞彙編》上冊頁34，手稿見下冊頁75。

321
戰爭與和平

我一息尚存，為着安慰我臨死的朋友，為着安慰我所念念不忘他、他所念念不忘我的朋友，我已經應該更盡其最大的努力，以期主張的實現。何況這主張的實現，是國家民族生存所繫。

·

1939年3月21日，汪精衛於河內被刺，親信曾仲鳴因此而死，27日汪精衛就曾氏之死發表〈舉一個例〉，詳細闡述對日和談之主張由來。全文請參看《汪精衛政治論述》匯校本下冊頁431–446。

322
國家與民族

只看重慶，在奄奄一息的時候，帝國主義者從荷包裏掏出幾個臭錢，一萬萬元、一千萬鎊，立刻又高喊抗戰到底起來。中國人的性命，真個就這樣的賣給帝國主義者麼？東亞真個就這樣的斷送了麼？

•

1940年汪精衛為與日本實現和平，成立國民政府，還都南京。1941年元旦，汪精衛發表〈所望於民國三十年者〉，指民國成立於今三十年，之所以還未能完成建設，其中一重要原因是外交方針不能確定。全文請參看《汪精衛政治論述》匯校本下冊頁585–588。

323
國家與民族

現在世界上的國家已沒有一個孤立的，非有國家集團的行動不可。中國處在東亞，要救中國，必須與同在東亞的國家為集團行動，所以救中國與救東亞是一事件。

●

1942年1月18日，汪精衛於政工會議開幕時發表訓詞，內容談及要擴大力量，必先培養三民主義的信仰，出自〈政工會議開幕訓詞〉，全文請參看《汪精衛政治論述》匯校本下冊頁639–643。

324
戰爭與和平

兆銘深知敝國人民實無與貴國為敵之意，惟皆以為友則存、為奴則亡；與其為奴，不如舉國同歸於盡。此種苦心與決志，如能得事實之解釋，使敝國人民知兩國友好非無其道，則兆銘深信，從此必能解決兩國當前糾紛、樹立東亞永久和平。

·

1939年2月4日，汪精衛致函日本首相近衛文麿，就中日和平之前途陳述意見，全文請參看《汪精衛政治論述》，頁248。

325
戰爭與和平

如果不能喚起人心，即使將一切物質燒光，也無濟於事，因為做漢奸的是人，不是物，不從人着眼，而從物着眼，無有是處。

•

1938年11月13日，長沙在日軍尚未到達之前就自己放火焚燒，全城化為焦土。23日，汪精衛發表〈為什麼誤解焦土抗戰〉，全文請參看《汪精衛政治論述》匯校本中冊頁409–411。

<u>326</u>
革命與犧牲

引刀成一快，不負少年頭。

●

汪精衛1910年於北京司法部監獄所作的〈被逮口占〉
其三，其時汪氏因謀刺滿清攝政王事敗一事被判終身
監禁，全詩請參看《汪精衛詩詞彙編》上冊頁9，手
稿見下冊頁6–7。

327
戰爭與和平

什麼叫做宣布中立！其實只是等死、只是聽候宰割。換句話說，東三省是一定失去的了。誰是戰勝者，誰便得着。猶如一個人已注定做奴隸的了，誰有錢，誰就買了去一般。又如運動會的獎品，誰得勝，誰領獎一般。這些說話，真是痛心。

●

汪精衛述1904年日俄戰爭中的中國地位，出自1935年1月1日發表的〈救亡圖存之方針〉，全文請參看《汪精衛政治論述》匯校本中冊頁342–351。

328
政治與民眾

社會合作為和平之本，階級鬥爭則擾亂之源，兩者水火不能相容。

•

1938年12月29日，汪精衛發表〈艷電〉，主張以日本首相近衞文麿於22日所發之第三次對華聲明為基礎，與日交涉和平；1939年8月召開中國國民黨第六次全國代表大會，提出「和平反共建國」的口號。1939年9月1日發表〈致海內外諸同志電〉，文中根據第六次全國代表大會宣言，主張根絕赤禍，維持國內和平，同時要與日本協力，維持世界和平。全文請參看《汪精衛政治論述》匯校本下冊頁487–489。

329
哲理與文化

白手固可以起家，破落戶何嘗不可以中興？只要除掉了驕傲的心理、比較得清楚、努力的去做，做成一個現代的國家。這是現在救亡圖存的唯一方法，而發揚祖宗文明，也就於此解決了。

●

面對日本的侵略，1934年7月24日汪精衛在外交部總理紀念週發表演講〈破落戶與暴發戶〉，剖析造成中國衰落的心理原因，全文請參看《汪精衛政治論述》匯校本中冊頁334–337。

330
堅貞與愛情

風帆終是無情物，

人自回頭舟自前。

•

1916年汪精衛作〈六月與冰如同舟自上海至香港冰如上陸自九龍遵廣九鐵道赴廣州歸寧余仍以原舟南行舟中為詩寄之〉其二，其時袁世凱正醞釀帝制，汪氏自法國回國協助孫中山反袁，全詩請參看《汪精衛詩詞彙編》上冊頁28–29，手稿見下冊頁58–59。

331
國家與民族

可憐的中國人，聞說急進政策，還知道提心弔胆；聞說緩進政策，便安心樂意了。這是無異說急性病纔是病，慢性病不是病；又無異說霍亂病纔會死，肺癆病不會死。

•

1900年八國聯軍之役以後，各國侵略中國之政策，由急進轉為緩和，以此鬆弛各國帝國主義者間的衝突，並迷惑中國人民的視聽，汪精衛於是有此言，出自1926年4月所寫的〈國際問題草案〉，其時汪氏受國民會議促成會聘任為國際問題委員會顧問，並被公推起草相關議題決案，文章即以廢除中國在國際所受不平等條約為主旨，全文請參看《汪精衛政治論述》匯校本上冊頁115-172。

332
堅貞與愛情

別後平安否。

●

汪精衛1910年謀刺滿清攝政王事敗後於獄中作的
〈金縷曲〉，其時陳璧君在外多次設法營救，全詞
請參看《汪精衛詩詞彙編》上冊頁70–71，手稿見下
冊頁171–173。

333
自然與風光

人似歸鴉暫息翰，

玉山秋色靜中看。

•

汪精衛1925年作詩〈十月二十九日月下作〉，其時廣東國民政府成立，汪氏任國民政府常務委員會主席和軍事委員會主席，全詩請參看《汪精衛詩詞彙編》上冊頁55，手稿見下冊頁126。

334
革命與犧牲

每一個革命同志，因為富於情感，纔能勇於犧牲；既然有舍己救人的決心，定然有屈己從眾的定力。熱烈的情感，與嚴密的組織與紀律，正是合一不可分的。

●

1927年7月15日汪精衛向中央黨部正式提出分共後，寧漢同志相互通電重新謀求合作，10月16日，汪精衛在武漢政治分會發表演說〈與南京代表團商榷恢復中央黨部之經過〉，報告最近與漢口中央各委員及武漢政治分會諸同志就黨務的討論以及黨改組以後的精神。全文請參看《汪精衛政治論述》匯校本上冊頁187–193。

335
國家與民族

惟人類之眼光，由近而遠，其心量由狹
而廣，故共存之觀念，其發達也，以漸
而不以頓。

●

1919年4月，汪精衛以個人名義列席巴黎和會，並因
和會偏袒日本而極力主張中國拒絕簽字《凡爾賽和
約》，1920年2月1日出版《巴黎和議後之世界與中
國》詳盡闡述他的見解，緒論中更明言人類共存之
觀念必然會發生，全文請參看《汪精衛政治論述》
匯校本上冊頁102–113。

<u>336</u>
自然與風光

誰使遠山添蘊藉，

密林如草草如煙。

●

汪精衛1932年夏復至廬山時所作詩〈自佛手巖遠望數峯秀軟殊絕為作絕句四首〉其二，乃〈廬山雜詩〉其十，全詩請參看《汪精衛詩詞彙編》上冊頁101，手稿見下冊頁237–242。

337
戰爭與和平

因為對外抗戰，目的有三：其一是求勝利、其二是求持久、其三是求自盡。所謂自盡，不是自殺，是將所有的力用盡之後，犧牲生命，以保存人格。這種求自盡的心，不但每個兵士應該有的，每個國民都應該有的；不但戰時應該有的，平時也應該有的。

•

1936年2月19日，汪精衛前往德國治療遭遇暗殺後遺留下來的鎗傷，12月得知西安事變發生後決定回國。1937年2月1日，汪精衛在國民政府紀念週發表演說〈安內與攘外〉，謂攘外能否有效，要看安內的工作如何而定，全文請參看《汪精衛政治論述》匯校本中冊頁380–383。

338
國家與民族

嗚呼，吾願我民族實行民族主義，以顛覆二百六十年來之貴族政治！嗚呼，吾願我民族實行國民主義，以顛覆六千年來之君權專制政治！

•

出自汪氏1906年1月22日發表的〈民族的國民〉其二。1905年汪氏加入同盟會，出任評議部評議長，同時為機關報《民報》主要撰稿人。11月26日首次以「精衛」署名發表〈民族的國民〉，宣揚自由平等，激勵民族意識和揭露滿清的專制。全文請參看《汪精衛政治論述》匯校本上冊頁24–38。

339
哲理與文化

儒教之所謂教，非宗教之教，乃教育之教；中國尊崇孔子為先師，不尊崇孔子為教主；尊崇其啟導中國民族之道德智慧，視為萬世師表，不視為上帝化身。這正是中國的光榮。

●

1940年8月27日，汪精衛發表〈紀念孔子的意義〉，冀藉紀念孔子喚起中國民族的自覺，又言從事和平運動的人，都決心為和平運動而犧牲，決非為偷生苟活，全文請參看《汪精衛政治論述》匯校本下冊頁568–570。

340
國家與民族

我們生在這個時候，惟有以個人的刻苦，節約所得貢獻於國家，這是我們對於國家不能不盡的義務。

•

1941年8月6日，汪精衛於廣州廣播演講〈怎樣拓展和平〉，認為現在最要緊的無過於確立治安，增加與節約物資。全文請參看《汪精衛政治論述》匯校本下冊頁628–630。

341
戰爭與和平

在真實的力量未充實以前，我們若要為和平、奮鬥、救中國而死，有兩個機會：其一是忽然飲彈而死；其一是為充實力量而鞠躬盡瘁，把身體精神一點一點的榨乾了、消磨了然後死。

•

1934年3月12日，汪精衛在中央黨部發表〈總理逝世九週年紀念〉演講，全文請參看《汪精衛政治論述》匯校本中冊頁330–333。

342
政治與民眾

正為平時將政治自由給與人民愈多，一旦有非常之變，則應付更加容易。因為國家由人民集合而成，人民的政治能力強大，則國家的力量亦因以強大。好比軍隊一樣，如果平日士兵操練有素、能力充足，則一旦有事舉行動員，這種軍隊定然是最勇敢、最有紀律的軍隊。

•

1936年2月19日，汪精衛前往德國治療遭遇暗殺後遺留下來的鎗傷，12月得知西安事變發生後決定回國。1937年1月22日，汪精衛在行政院各部會歡迎會演講〈論民主政治〉，當中指出培養人民的政治能力是救亡圖存的重要原則，全文請參看《汪精衛政治論述》匯校本中冊頁374–376。

343
戰爭與和平

你讀過歷史，你知道共產黨所謂游擊戰，不過是流寇的別名。人民如禾，流寇則如蝗蟲，所過之處沒有不食盡燒光的。從前的人，聽見「流寇」二字就會驚心。如今給共產黨加上些文章詞藻，卻被認為抗戰到底的秘訣了。

•

1939年3月30日，汪精衛發表〈覆華僑某君書〉，解答某君對與日言和之疑問，全文請參看《汪精衛政治論述》匯校本下冊頁447–452。

344
自然與風光

爛熳花枝總刹那，

東籬秋色獨峨峨。

能同風露撐持久，

兼得雲霞變化多。

•

汪精衛所作詩〈菊〉，全詩請參看《汪精衛詩詞彙
編》上冊頁97，手稿見下冊頁208–210、335。

<u>345</u>
自然與風光

箕踞松根得小休，

蟲聲人語兩無尤。

●

汪精衛1932年夏復至廬山時作詩〈山行〉，乃〈廬山雜詩〉其九，全詩請參看《汪精衛詩詞彙編》上冊頁101，手稿見下冊頁230、233-236。

346
戰爭與和平

我們不可因為對制裁力量失了希望，就連對這種宣傳力量也不加以愛惜。固然對於這種力量，我們不可估計得太高，但也不要估計太低了。

·

汪精衛述中國應對國際聯盟所採之態度，出自1938年9月20日的〈最近外交方針〉，全文請參看《汪精衛政治論述》匯校本中冊頁400–408。

<u>347</u>
戰爭與和平

和平區內的人民以為一有和平即有幸福，天下那有這樣容易的事呢？我們只有替和平、幸福先定下一個全盤計劃，然後從最低限度着手。所謂最低限度，一是不能不要的兵力、一是不能不要的民食。

●

1940年6月15日，汪精衛發表〈蔣介石的磁鐵戰〉，指出其獻身和平運動之理由，並說明焦土戰與游擊戰對中國的影響。全文請參看《汪精衛政治論述》匯校本下冊頁553–556。

348
哲理與文化

革命黨人所能勇於赴義、一往無前、百折不撓者，持此革命文學以自涵育，所以能一變三百年來淹淹不振之士氣。使即於發揚蹈厲者，亦持此革命文學以相感動也。

•

汪精衛為南社社員，1923年應邀為南社詩人胡樸安編的《南社叢選》撰序，當中論及革命文學之重要，全文請參看《汪精衛南社詩話》頁136。

<u>349</u>
自然與風光

玉宇在人間，悠哉此一逢。

孰云秋已半，春氣何沖融。

●

汪精衛於1942年作詩〈壬午中秋夜作〉，全詩請參看《汪精衛詩詞彙編》上冊頁138，手稿見下冊頁305–310。

<u>350</u>
堅貞與愛情

秋來如有跡，思發自無端。

●

汪精衛〈夜起〉，全詩請參看《汪精衛詩詞彙編》
上冊頁88。

351
戰爭與和平

以一個剛剛圖謀強盛的中國，來與已經
強盛的日本為敵，勝負之數，不問可
知。但是既然打起來了，則為鼓舞人
心、振作士氣計，說一些「最後勝利必
屬於我」，也是望梅止渴的意思。然而
說得過份是有危險的，如果被人利用了
去就更危險了。

•

1939年7月22日，汪精衛發表〈兩種懷疑心理之解
釋〉，就民間以為「抗戰最後勝利」比「和平」好，
以及日本是否有誠意議和之疑問作解釋。全文請參看
《汪精衛政治論述》匯校本下冊頁461–464。

352
自然與風光

飛絮便應窮碧落，

墜紅猶復絢蒼苔。

•

汪精衛1927年作詩〈春歸〉，其時汪氏正於法國治病，後來聞聞國民黨部被共產黨把持，便決心歸國，全詩請參看《汪精衛詩詞彙編》上冊頁65，手稿見下冊頁156。

353
哲理與文化

夫純潔者必有勇，所謂無欲則剛也。惻隱之心迫於內，則仁以為己任，雖殺身而不辭，斯義理之勇而非血氣之勇也。

●

出自1910年2月1日汪精衛以「守約」為筆名，於《民報》發表的〈革命之決心〉，他於行刺攝政王前，把這篇文章與〈革命之趨勢〉、〈告別同志書〉一起縫入衣服內，文章述及革命之因由，道出其一生所抱宗旨，全文請參看《汪精衛政治論述》匯校本上冊頁73–77。

354
革命與犧牲

革命黨人之所以肯拚命，就為的是道理；至於面子，是革命黨人所不應講的。

●

1930年9月中央黨部擴大會議後，黨內派系紛爭更為激烈，1931年2月因約法問題，蔣介石拘禁胡漢民，於是汪精衛呼籲各派聯合起來，加以反對。5月1日發表〈如何聯合起來〉，號召各派聯合反蔣，打倒獨裁。全文請參看《汪精衛政治論述》匯校本中冊頁308–310。

355
政治與民眾

本黨之訓政，乃使民眾於行使民權之中，訓練自己；決非壓制民眾，不許與聞政事，而一任官僚軍閥之橫行也。

●

第三次全國代表大會召開以後，一切權力操於蔣介石個人手上，黨名實俱亡，1929年9月24日汪精衛等聯名發表的〈中國國民黨第二屆中央執監委員會討伐蔣中正宣言〉，文中列舉蔣介石十項罪狀，其中之一就是指蔣以訓政為名目行專制之事，全文請參看《汪精衛政治論述》匯校本中冊頁265–270。

356
革命與犧牲

夫吾人所以致力於革命者，其目的在自立，非第欲免疾苦而已。人不自立而仰賴他人之恩覆，已足以長惰而忘恥。況夫其所仰賴者乃為鈐制我束縛我之仇讎，則與受其恩，寧受其虐也。

●

汪精衛1910年2月1日發表〈論革命之趨勢〉，後來其行刺攝政王不遂被捕時，警方在他身上搜得這篇文章。文中汪氏舉例說明清朝所謂立憲對人民自由的箝制，全文見《汪精衛政治論述》匯校本上冊頁51–72。

357
哲理與文化

使能充其惻隱之心者，則必不為一己計而為眾人計。目擊天下之紛紛藉藉、禍亂相尋、人所避之惟恐不及者，挺然以一身當其際而無所卻，即令所接者無所往而非傾險之人，所處者無所往而非陰鬱之境。

•

出自1910年2月1日汪精衛以「守約」為筆名，於《民報》發表的〈革命之決心〉，他於行刺攝政王前，把這篇文章與〈革命之趨勢〉、〈告別同志書〉一起縫入衣服內，文章述及革命之因由，道出其一生所抱宗旨，全文請參看《汪精衛政治論述》匯校本上冊頁73–77。

358
革命與犧牲

勞薪如可爇，未敢惜寒灰。

•

汪精衛〈印度洋舟中〉其二，此詩似作於1913年，其時反袁世凱之二次革命失敗，汪精衛於9月乘船赴歐洲就醫，全詩請參看《汪精衛詩詞彙編》上冊頁23，手稿見下冊頁42。

359
堅貞與愛情

冰如手書，留之不可，棄之不忍，乃咽
而下之。

•

出自汪精衛1910年謀刺滿清攝政王事敗後於獄中所
作的〈金縷曲〉小序，記其於獄中收到陳璧君手書
之事，其時陳氏在外多次設法營救，全詞請參看
《汪精衛詩詞彙編》上冊頁70–71，手稿見下冊頁
171–173。

360
政治與民眾

黨綱非一成不易之物，如黨綱有不適用，決非不可更改。然更改必得依據黨的紀律，非可以個人自由行動，亦非可以武力迫成。

●

1927年共產黨在國民黨中的勢力經已膨脹，分共之爭引起國民黨的撕裂，汪精衛於是從法國歸國，並主張武漢同志到南京開第四次全體會議，以解決一切糾紛。4月7日汪氏由上海去武漢時，曾致函李石曾，信中闡明他的政治立場與觀念，其所注重的不只是分共政策，更重要的是黨紀問題。全文見《汪精衛政治論述》匯校本上冊頁174–178。

361
國家與民族

我們如今只要舉國一致、沈着勇敢的做去，死中求生、亡中求存，爭最後關頭，為中國之獨立自由盡最大之努力。雖然無可樂觀，但也不必悲觀。

•

1936年2月19日，汪精衛前往德國治療遭遇暗殺後遺留下來的鎗傷，12月得知西安事變發生後決定回國。1937年1月10日，汪氏在歐洲歸國途中時手書〈對於僑胞幾句話〉一文，鼓勵海外華人在這困難時刻，不要灰心，並應繼續團結為中國未來努力，全文請參看《汪精衛政治論述》匯校本中冊頁356–366。

362
哲理與文化

革命黨人之作品，其大部分精神，必多注於革命，固矣，然不能謂此外即絕無所作。

·

1929年，汪精衛等聯名發表通電，指責蔣介石自組府以來即逐漸恣肆，背叛革命等，呼籲武裝同志迅提義師，掃除叛逆。1930年汪氏居香港從旁協助倒蔣運動，並以「曼昭」為筆名於《南華日報》連載南社詩話，此引文即出自詩話第十三則，全文請參看《汪精衛南社詩話》頁47–51。

<u>363</u>

革命與犧牲

自有千秋意，韶華付水流。

●

汪精衛1910年謀刺滿清攝政王事敗後於獄中作〈除夕〉其二，其時汪氏因謀刺滿清攝政王事敗一事被判終身監禁，全詩請參看《汪精衛詩詞彙編》上冊頁15–16，手稿見下冊頁24。

<u>364</u>
革命與犧牲

徵之歷史，必是以一切被壓迫民眾為基礎，沒有以一階級為基礎的。所以中國國民革命，必須以中國國民黨為領導者。其領導之作用，即在聯合一切被壓迫民眾，起來參加革命。

•

1927年7月13日，共產黨中央委員會發表宣言，正式退出國民政府，15日汪精衛向中央黨部正式提出分共，25日汪氏發表文章〈夾攻中之奮鬥〉，述國民黨日後將遇到兩種敵人，一種是腐敗勢力，一種是共產黨。全文見《汪精衛政治論述》匯校本上冊頁179–181。

365

堅貞與愛情

棲棲百年內，耿耿兩心同。

●

1935年11月1日，汪精衛於第六次中央委員全體會議開幕典禮上遇襲，身中三槍，1936年1月於上海療養期間，作〈二十五年一月病少間展雙照樓圖因作此詩以示冰如〉，全詩請參看《汪精衛詩詞彙編》上冊頁107，手稿見下冊頁261–262。

意見回饋

是次問卷旨在收集讀者對本會出版之意見，
所收集資料除研究用途外，或會用於宣傳。感謝參與，
有賴您們支持讓本會出版更好的書！